Edda Brehm
Individuation, Band 3
Ende des Lebens – Gespräche mit dem Unbewussten

Edda Brehm, geboren 1938 in Bremen.
Studium der Philosophie, Germanistik und Geographie an den Universitäten Marburg, Wien, Tübingen; Fernstudium Religionspädagogik. 35 Jahre Lehrerin am Gymnasium; Oberstudienrätin. Lebt in Bremen.

Edda Brehm

Individuation

Band 3

Ende des Lebens

- Gespräche mit dem Unbewussten -

opus magnum

Bibliografische Information der Deutschen Nationalbibliothek
Die Deutsche Nationalbibliothek verzeichnet diese Publikation in der Deutschen Nationalbibliografie; detaillierte bibliografische Daten sind im Internet über http://dnb. d-nb. de abrufbar.
© 2019 opus magnum, Stuttgart (www. opus-magnum. de), Version 1.3
Umschlaggestaltung, Grafik und Layout: Edda Brehm, Prof. Dr. L. Müller
Umschlagmotiv: Edda Brehm
Herstellung: Book on Demand GmbH., Norderstedt

ISBN 978395612-029-9

Inhalt

Einleitung

Dieses Buch ist im Anschluss an meine beiden Veröffentlichungen „Individuation I und II" entstanden.

Es stellt die Phase meines Lebens dar, die auf das Lebensende hin bezogen ist. Sie war gekennzeichnet von glücklichen und bedrückenden Erfahrungen.

Wie mir das Unbewusste in Krisen half, mich vorbereitete und hindurchführte, erfüllte mich mit Staunen. So entstand die innere Überzeugung, dass wir in den Grenzsituationen unseres Lebens geschützt sind und verwiesen werden auf eine noch ausstehende Erfüllung unseres Daseins.

Das letzte Kapitel kann offen bleiben in der Gewissheit, dass wir in der Nähe des Todes wie im ganzen Leben von guten Mächten begleitet werden.

Bremen, im Februar 2018 und 2019
Edda Brehm

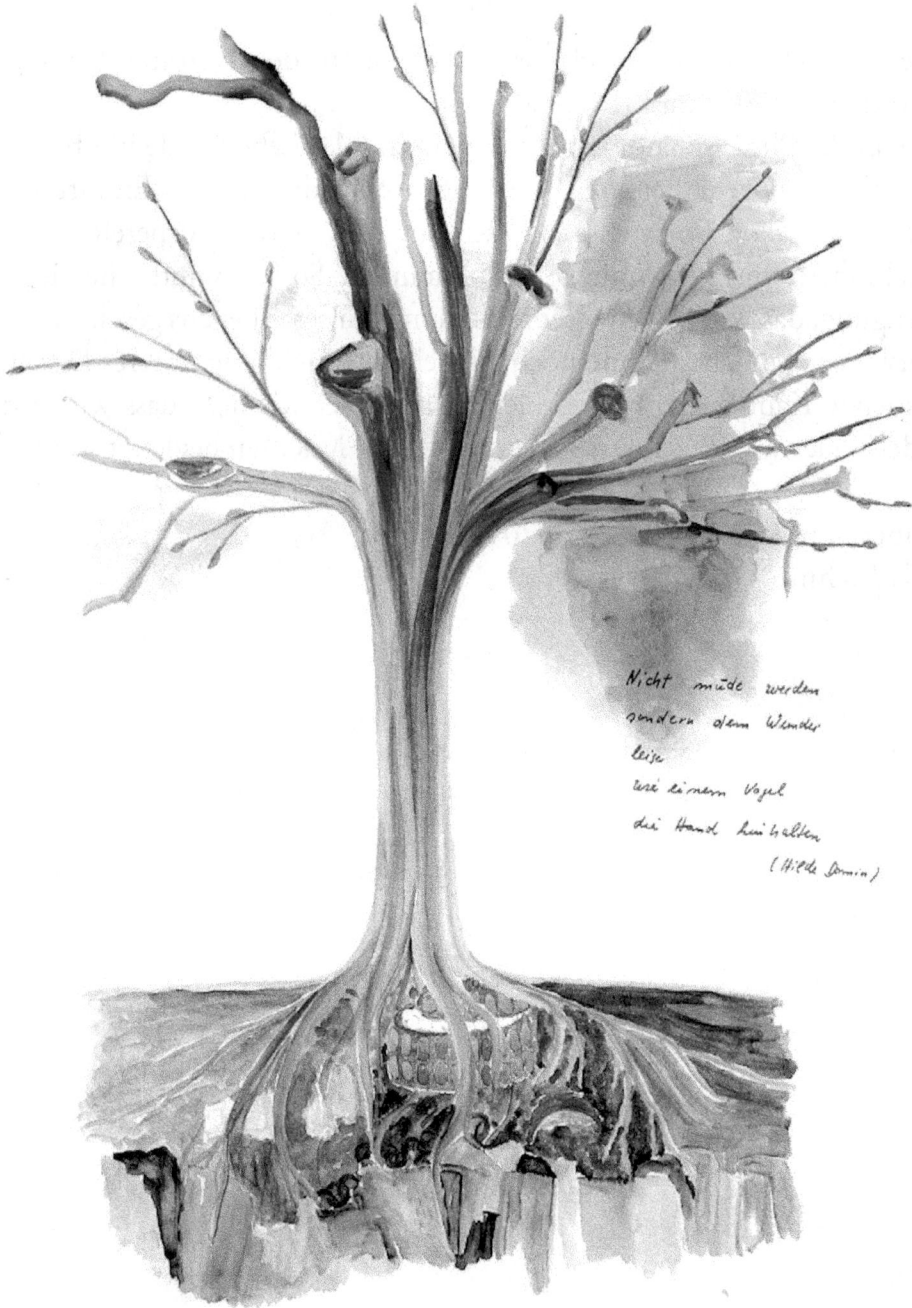

Nicht müde werden
sondern dem Wunder
leise
wie einem Vogel
die Hand hinhalten

(Hilde Domin)

8

I. Rückblick
Überwindung einer Depression

In meinen beiden Büchern „Individuation I und II" von 2008 stellte ich die langjährige Entwicklung dar, die aus der Depression herausführte. Um sie hier kurz zusammenzufassen, stelle ich sieben, in diesem Zeitraum von mir gemalte Lebensbaumbilder nebeneinander. Im Vergleich veranschaulichen sie, als Bilder aus dem Unbewussten, wie von dort her der innere Prozess der Heilung gesteuert wurde zum erneuerten Leben hin.

Meine anfängliche Befindlichkeit wird im nebenstehenden Bild (2/1984) sichtbar. Es zeigte die Wirklichkeit: die totale Beschädigung, Amputation des Baumes. Seine starken Äste sind abgebrochen oder abgesägt; die dünnen Zweige sind gekappt und starren vertrocknet in die Welt. Der Baum ist hässlich und abstoßend.

Mit dieser Realität konnte ich nicht unmittelbar konfrontiert werden. Darum entwarf das Unbewusste zunächst einen doppelten Baum (7/1983, siehe S. 10), der das gestörte und das in der Zukunft mögliche Leben zusammen wiedergab.

Ein abgestorbener Baum erscheint schwarz in der Mitte des Bildes. So ausgebrannt kann er nicht weiter wachsen. Gleichzeitig entfaltet sich hinter ihm ein gesunder Baum mit Blättern, Blüten und Früchten. Er kann auf die Verheißung vertrauen, die um das Bild herum geschrieben ist: „Habe ich dir nicht gesagt, so du glaubst, du solltest die Herrlichkeit Gottes schauen?" (Joh. 11,40) „Herrlichkeit Gottes" hieß in diesem Fall die Wiederherstellung des Lebens. Der zerstörte Lebensbaum war nur vor der Vision eines neuen, bunten, goldenen Baumes zu ertragen.

Vor den kommenden Auseinandersetzungen tauchte eine nächtliche Szene auf (10/1983, S. 11): ein goldener Baum, ein Pfau mit seinem Rad, der abnehmende Mond in seiner letzten Phase. Auf dunkles Papier gemalt, zeigt sich, was im Unbewussten ist:

Der Lebensbaum ist schön und leuchtend vorhanden, ein heller Glanz geht von ihm aus. Neben ihm steht der Pfau, sein aufgefächerter Schweif „galt als Bild des sternenübersäten Firmaments"; er ist ein „Auferstehungssymbol".

HABE ICH DIR NICHT GESAGT, SO DU GLAUBST, DU SOLLTEST DIE HERRLICHKEIT GOTTES SEHEN?

Die letzte Mondphase vor dem Neumond wird als „sterbender" Mond verstanden, als „Tod zur Neugeburt". (Anm. 1) So verwies die nächtliche Szene auf das Neuwerden; das Unbewusste wollte mich ermutigen, mich dem Prozess der Heilung anzuvertrauen.

Auch der Baum (2/1984, S. 8), der die Depression ins Bild gebracht hatte, zeigte bereits verborgene Möglichkeiten der Entwicklung: sein Stamm ist stark und aufwärts strebend; seine Wurzeln sind verzweigt, sie dringen bis zum Urgestein vor. Unter ihnen ist ein Schatz verborgen: eine goldene Dose, mit roten Steinen gefasst, mit Perlen gefüllt. Es gibt einen noch nicht sichtbaren Reichtum, der eine Quelle für die Regeneration werden kann. Denn der Baum beginnt wieder zu leben. Er schlägt wieder aus, hat feine, dünne Triebe mit Knospen wie Weidenkätzchen nach der Winterzeit vor dem Aufblühen.

Nach einer längeren Arbeitsphase, in der ich mich von den krankmachenden Beziehungskonstellationen meines Lebens befreien konnte, dokumentierte der vierte Baum (2/1988) das Ergebnis.

Der Betrachter sieht in einen geöffneten mächtigen Baumstamm hinein. Eine Steintreppe führt innen zu drei Turmfenstern in die Höhe sowie nach unten in angedeutete Gewölbe der Tiefe. Das Mauerwerk ist teilweise weggebrochen. Die Hälfte der Stammhöhlung wird von einem großen gotischen Kirchenfenster ausgefüllt, das den Blick in eine blau-grüne Natur öffnet. Die Deutung des Bildes ist rot hineingeschrieben:

„Rapunzel ist fortgegangen"; das Datum erschien so wichtig, dass es dort auch vermerkt wurde (siehe S. 13). Rapunzel ist aufgebrochen. Der Baumstamm war der geschlossene Turm, ihr jahrelanges Gefängnis. Das große Kirchenfenster auf der linken Seite deutet an, woher das Licht kam und wohin Rapunzel schaute in ihrer Einsamkeit. Die Eule in der Höhe – sie kann im Dunkeln, d. h. im Unbewussten sehen – erkannte die Situation:

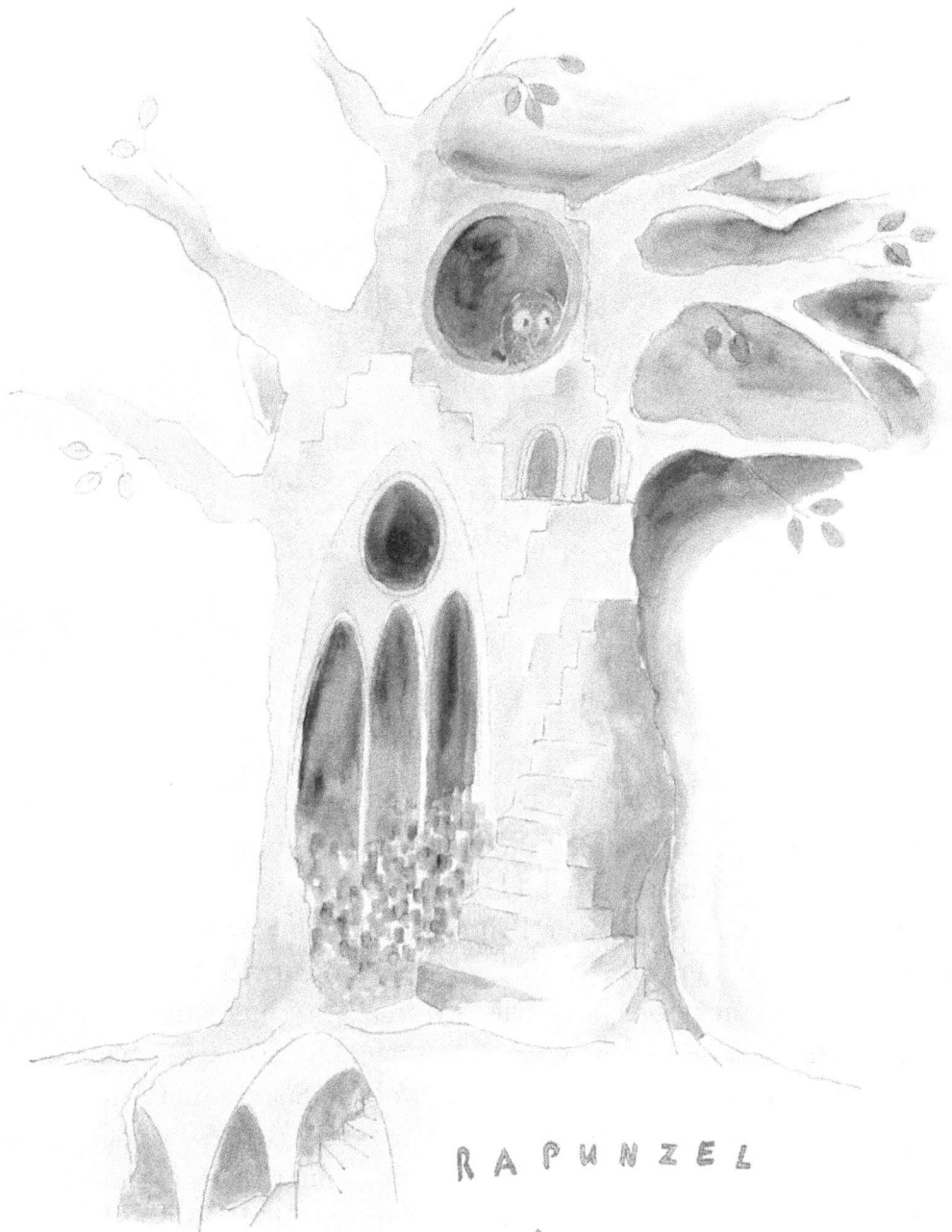

RAPUNZEL

ist fortgegangen

14.2. 1988

Das Baumgefängnis war geöffnet; die Gefangene ist fortgegangen; sie hatte sich von dem gefährlichen Mutterbild befreit.

Nun kämpfte sich ein starker Baum (2/1991) ins Freie. Die wenigen Blätter kennzeichnen ihn als eine Eiche. Der Baum entwickelte Kräfte, seine Ummauerung zu durchbrechen. Die Steinmauern sind von Rissen und Spalten durchzogen; sie sacken in sich zusammen. Die Äste drängen ins Freie. Der Baum ist mächtig, er reicht bis zu den Wolken. Stamm und Äste glühen rot vor Anstrengung, den Widerstand des Mauerwerks zu überwinden.

Diese Eiche hat ihren Willen und ihre Kraft zu ihrer Befreiung eingesetzt. Sie wartete nicht, dass andere die Mauern einrissen; sie ist selber aktiv und zersprengt das Gefängnis.

Die Mauern stehen hier für die Einengungen, die diesen Lebensbaum in seiner Entfaltung behinderten: die unreflektierten Ansprüche Anderer, die die eigenen Bedürfnisse abwerteten und ausblendeten; die Meinungen

2. Mose 3,2   Joh. 15,5

und Urteile, die meinen Rückzug nach innen auslösten. An dieser Stelle der Entwicklung begann ich, auch für mich Lebensraum zu beanspruchen.

Spätere Bilder vom Lebensbaum weiteten die bisherigen Erfahrungen aus und verwiesen auf das Ziel der Individuation.
So spiegelt das Bild „Christus als Weinstock" (8/2005) meine inzwischen veränderte Situation: Ich malte den Gekreuzigten, von Weinranken umwachsen, auf goldenem Grund in einem dürren, in Flammen stehenden Busch und verstand das Dargestellte als meine Version der Erscheinung, die Mose am brennenden Dornbusch in der Sinaiwüste widerfuhr. (2. Mose 3,2)

E. Drewermanns Deutung dieser Bibelstelle (Anm. 2) öffnete mir die Augen für die Aussage meines sechsten Lebensbaumes.

Ich konnte mich mit Mose in der Einsamkeit der Wüste identifizieren als ein Nichts, ein vertrockneter Dornstrauch. Auch in mir brannte ein Feuer, der Glaube an die Möglichkeit von Wahrheit, Sinngebung und Liebe.

„Spute dich, Kronos,
sturm
rasch ins leben
hinein!"

Auch ich hörte eine Stimme: „Ich bin der Weinstock, ihr seid die Reben. "
(Joh. 15,5)

Das Unbewusste schenkte mir eine Vision: den Gekreuzigten als Weinstock!
Es zeigte mir eine neue Perspektive für mein Dasein auf: Aus der Kraft Christi
könnte auch ich mich entfalten, eine Aufgabe verwirklichen, einen Sinn
erfüllen. Ich fände meinen Platz in einem größeren Zusammenhang, und
zwar als Frucht am Rebstock, der Christus ist.

Ich erkannte: Das Unbewusste konstellierte in meinem Ich das Selbst, die
Ganzheit meiner Person. Der beschädigte Baum des Anfangs und die
inzwischen stark gewordene Eiche erlebten nun, was in ihnen angelegt war;
sie gewannen einen Einblick, wohin sich das Leben entfalten konnte. Das Ich
trat zurück hinter das Selbst. Das Selbst übernahm die Führung.

Nun wurde ein neuer, der siebte Lebensbaum sichtbar: der brennende
Baum (9/2005). Schnell hingezeichnet, ist er, rot-gelb glühend, nach rechts –
wie im „Sturm" – hingerissen. An Kronos, den Gott der Zeit als Wagenlenker,
geht der Appell: „Rasch ins Leben hinein!" Der Baum ist voller Dynamik, er
will leben und teilnehmen am Geschehen draußen. Jetzt war die Zeit, das
Unbewusste zu lassen. Nur der Impuls galt, das Leben zu fassen, zu gewinnen.

Ich halte inne, um meinem Staunen Ausdruck zu verleihen.

Als ich malte, sah ich nur, was sich zu der Zeit in mir als ein Bild einstellte. Aus dem Rückblick gesehen, erschließt sich mir, wie hilfreich mich das Unbewusste steuerte. Es arbeitete an der Erneuerung meines Lebens; kannte Möglichkeiten und Grenzen meiner Einsicht; hatte den Überblick und behielt das Ziel der Individuation im Auge. Ich denke an die Geschichte Josefs im AT, dem Böses in seiner Jugend widerfahren war und der am Ende seines Lebens wusste: „Gott gedachte, es gut zu machen. " (1. Mose, 50,20)

II. Gegenwart: geschenkte Zeit

Die folgende Lebensphase war zunächst ausgefüllt von Schaffenskraft und Lebensfreude, was im Bild „Tanz im Garten" (5/2010) zum Ausdruck kommt (siehe S. 99).

Ich traf hier Anna wieder (vgl. „Individuation I", Kapitel XIII) – sie repräsentierte in meinen Bildern aus dem Unbewussten mein Ich – die, umringt von den schönsten Blumen ihres Gartens, zusammen mit ihnen tanzt. Die Pflanzen werden von ihren Wurzeln getragen und feiern das Fest einer Glück erfüllten Gegenwart.

Die Veränderung des Lebensgefühls zeigt sich auch in den folgenden vier Lebensbaum-Abbildungen:

Als ich meine Darstellung vom brennenden Dornbusch nach Jahren wieder betrachtete, dachte ich: „Etwas hat sich verändert: Der Weinstock ist in den Dornbusch gewachsen!" Ich erneuerte das Blatt (1/2008). Die kräftige Pflanze mit ihren grünen Blättern und reifen Früchten hat sich im dürren Strauch ausgebreitet; seine trockenen Äste stützen die lebensvolle Rebe; beide sind eine Einheit geworden (siehe nebenstehende Abb.).

Der Dornbusch, das Ich, hat sich für das Selbst geöffnet. Er ist nun ausgefüllt vom reichen Leben, das die Weinpflanze symbolisiert. War er auch verdorrt, so hat er nun seinen Wert gefunden: Er lässt den Weinstock in sich Frucht bringen.

Mit weiteren Bildern vom Lebensbaum tauchte nun eine wichtige Bezugsperson für das Ich auf.

Im Garten inmitten eines Klosterkreuzganges steht eine mystische Gestalt, ein Gärtner, und bindet einen jungen Baum an einen stützenden Pfahl. Er pflegt und betreut das Bäumchen, das mit grünen Blättern doch ein goldener Baum ist. Der Alte richtet seinen Blick auf eine junge Frau, die unter den Rundbögen des Kreuzganges vor sich hin träumt. Er will sie aufmerksam machen, dass er diesen jungen Baum in seinem Paradiesgarten neu gepflanzt hat und ihn nun behütet. Er wird keinen Schaden nehmen. Das Bild enthält ein Versprechen, zu der Frau wie zu dem Bäumchen gesagt: „Ich will dich nicht verlassen, noch versäumen!" (Josua 1,5) Eine wunderbare Ruhe erfüllt den Garten. (11/2008)

Später treffen die junge Frau und der alte Gärtner zusammen. Sie sind am Brunnen mit dem Wasser des Lebens. (1/2013)

Hinter ihm gedeiht der Lebensbaum, als Nussbaum gemalt mit Blüten und reifen Früchten. Silbern sprudelt das Wasser aus der Quelle. Die Frau ist geborgen neben dem Gärtner und sie empfängt von ihm den Krug, das Lebenswasser zu schöpfen, das täglich neu Gesundheit und Frische verheißt.

Die Bilder haben einen Heilprozess dargestellt. Die Frage ist: Wo sind in dieser freundlichen Weltsicht die bösen Erfahrungen geblieben?

22

Noch einmal malte ich einen Lebensbaum – in Anlehnung an ein mittelalterliches Stundenbuchblatt (12/2015):

Nun ist das Bild klar umgrenzt; es zeigt symbolisch die ganze Welt. Der Lebensbaum grünt mit Blättern und Früchten; gleichzeitig wird er angegriffen von einem geflügelten Drachen, der sich in den Baum hinein windet. Er hat dieselbe Stärke wie der Baumstamm. Er zeigt – rot gemalt und Feuer speiend – dass das Leben immer gefährdet und angegriffen ist von den Kräften des sog. Bösen, dem Machtkampf zwischen dem Leben und dessen Feinden, der Tod bringenden Zerstörung. Unbewusst habe ich die Schwanz- und Flügelspitzen sowie eine Kralle des Ungeheuers über den Rahmen hinaus reichen lassen. Die Chaosmächte, die sich dem grünenden Leben entgegenstellen, sind nicht vollständig erfassbar, sie sprengen den Rahmen der geordneten und überschaubaren Welt.

Der Baum steht vor dem blauen Himmelshintergrund; er ist auf Transzendenz bezogen. Hinter ihm leuchtet ein goldenes Fenster auf, das den Blick in eine verheißene jenseitige Welt, ein erlöstes Dasein schenkt.

Mit diesem Lebensbaum kann meine Baum-Bilder-Folge zu einem Abschluss kommen: Alles, was am Anfang meiner psychoanalytischen Arbeit zerstört und orientierungslos war, hat nun seinen Ort gefunden. Schmerzhafte Erfahrungen sind integriert in den Gesamtzusammenhang des Daseins; Leben und Tod gehören zusammen. So stabilisiert, bin ich in der Lage, eine weiterführende, mich bedrängende Frage jetzt zu stellen.

III. Die Frage nach dem Tod

Ich werde immer älter; meine Schwester Lilo starb schon 2003: Mich beschäftigt der Gedanke, dass mein Leben einmal ein Ende hat. Das Unbewusste antwortete mir schon mit den mich zutiefst überraschenden Bildern aus dem Mayatotenreich: Es gibt einen Weg aus der Unterwelt hinaus und es gibt für dich einen Begleiter in diesem unbekannten Raum. (Vgl. „Individuation I", S. 287-292)

Seitdem haben viele Träume dieses Thema aufgegriffen und dessen Anliegen veranschaulicht. Deutlich verstehe ich die Mitteilung mehrerer Träume: „Lass' dich aufs Leben ein! Es ist noch nicht so weit, dass dein Tod dich beunruhigen muss!"

Beispiele:

Ich folge einer Reiseführerin zu einer Tropfsteinhöhle in einer alpinen Landschaft. In einer Gruppe gehen wir im Gänsemarsch durch einen dunklen, feuchten Gang vorwärts. Die Felswände sind kalt und nass. Ich merke, dass ich barfuß und ohne Jacke bin, während die anderen Anoraks tragen. Plötzlich stehen wir wieder draußen in einem Wohnviertel. Es ist Nacht. Über uns leuchtet der Sternenhimmel. (9/2003)

Oder:

Ich bin in einer Reisegruppe auf einem Schiff nach Island. Nach der Landung steigt die Gruppe aus und geht in die Insel hinein. Ein Kollege ist unter den Leuten, der vor kurzem gestorben ist. Ich mache mir Sorgen vor einer Einreisekontrolle, denn mir fehlt eine Legitimation. Nun fährt das Schiff weiter und ich bin allein zurückgeblieben. Im Restaurant treffe ich die Wirtin. Sie beruhigt mich: Das Schiff wird am Ende des Tages sein Ziel in Island wieder erreichen. Dort werde ich auch meine Gruppe wieder treffen. Nun ermuntert sie mich, erstmal zu frühstücken. (6/2005)

Oder:

Ich fahre mit dem Rad durch eine Stranddünenzone am rechten Unterlauf der Weser. Sie fließt hier so breit, dass ich das gegenüberliegende Ufer nicht sehen kann. Reste von Zivilisationsmüll sind über die karg bewachsenen Sandflächen verstreut. Vom Balkon einer großen Wohnanlage schaue ich dann über das Ufergelände. Was plant der Bauunternehmer? Wird er uns Hausbewohnern den Ausblick verbauen oder eine hübsche Gartenanlage zur Weser hin schaffen? (4/2010)

Das erste Traumbild sagt mir, dass ich nicht richtig ausgerüstet bin für den Weg in die Unterwelt. So erreiche ich die Höhle, den Hades, nicht. Die Reiseleiterin, das Selbst, führt mich schnell aus dem Dunklen wieder hinaus und ich bleibe „unter" dem Sternenhimmel.

Auch betrete ich Island im Gegensatz zu meinem verstorbenen Kollegen nicht. Ich bin noch nicht am Ziel. Zwar bin ich im Mündungsbereich meines Lebensstromes, sehe auch das Meer, das Ziel, aber der Traum will meine Blickrichtung umkehren: Er macht mich darauf aufmerksam, dass ich nur am Ausblick in die Weite interessiert bin, die nahe Uferzone aber vernachlässigt ist. Hier gibt es erstmal zu tun!

In manchen Träumen fahre ich mit dem Fahrrad sehr steil bergab. Ich versuche, eine Reisegruppe einzuholen, die meinen Augen entschwunden ist. Meine Fahrt wird lebensgefährlich:

An meinem Rad versagen die Bremsen, bei diesem Tempo abwärts werde ich gleich stürzen. Darum lenke ich nach rechts in einen Feldweg hinein, der hangparallel verläuft. Hier kann ich mit den Füßen die rasende Fahrt stoppen.
Ich schiebe das Rad auf den Hauptweg zurück. Nun konzentriere ich mich: Wie bin ich bisher gefahren? Wo bin ich nun? Wohin will ich? (6/2008)

Oder:

Die bisher nur leicht abfallende Landstraße führt nun fast senkrecht abwärts.
Radfahren ist unmöglich. Da sehe ich eine Treppenanlage, massiv gebaut mit
starken Betonwänden. Hier gehe ich sicher eine Art Wendeltreppe hinab. Die
Gruppe ist nicht mehr zu sehen. (4/2009)

In den Träumen ist eine Standortbestimmung enthalten. Es geht zwar
abwärts, aber ich bleibe Herr der Lage. Ich lenke nach rechts ins Leben
hinein; ich betrete ein stabiles Treppengebäude, in dem ich ohne Panik nach
unten gelangen werde. Führt der Lebensweg auch in eine ungewisse Tiefe, so
befinde ich mich doch auf festem Grund und ich fürchte mich nicht.

Das Unbewusste hat mir inzwischen eine wunderbare Mitteilung gemacht:
Nach dem Ereignis des Todes geht dein Leben weiter!

Zwei Träume veranschaulichen dieses Wissen, indem eine Straßenbahnfahrt
über die Endstation hinausführt.

Ich bin mit der Straßenbahn unterwegs, suche meine herumliegenden
Gepäckstücke zusammen. So abgelenkt, verpasse ich meine Haltestelle zum
Aussteigen. Ich beschließe, durch die Neustadt bis zur Endstation zu fahren,
dann umzukehren und richtig auszusteigen.
Dort wird mein Straßenbahnsitz aber zu einer Art Gondel wie im Skilift,
mit der ich nun in der Höhe über das Deck eines großen Schiffes gleite, das
hier im Hafen liegt. Seine Außenwände leuchten rot. Als ich alles gesehen
habe, schwenkt meine Gondel wieder auf den Rückweg zur Straßenbahn ein.
(8/2003)

Mit meiner Geburtstagsgesellschaft (Familie, Freunde) warte ich an der
Haltestelle auf die Straßenbahn Linie 6, um mit ihr zu meinem Garten zu
fahren. Da merke ich, dass ich den Gartenschlüssel nicht dabei habe. Meine
Mutter und meine Schwester Lilo wohnen ja hier, darum bitte ich sie, schnell
ihren Schlüssel aus der Wohnung zu holen. Die Mutter lächelt auf meine
Bitte hin lieb und weise ohne Verständnis für meine Sorge; vielleicht holte
Lilo ihr Schlüsselbund, denn irgendwie erledigt sich das Problem.

Nun fahren wir alle mit der Straßenbahn. Die nächste Haltestelle ist der Riensberger Friedhof; an der danach folgenden wollen wir aussteigen. Da merke ich, dass wir wohl über einen Damm quer durch eine Wasserfläche fahren, die sich bis zum Horizont ausdehnt. Der Straßenbahnwagen ist zum Schiffsdeck geworden. Es ist unklar, ob wir zu meinem oder Mutters Garten unterwegs sind. (1/2009)

Die Träume zeigen mich beschäftigt mit den Tätigkeiten des Alltags. Doch unvermutet gelange ich an eine Endstation, wohin ich gar nicht wollte, bzw. an die Haltestelle zum Friedhof. Ich erlebe nun, dass die Reise weitergeht, und zwar mit dem Schiff übers Wasser. Der spätere Traum weiß, dass ich auf diesem Weg zu einem Garten komme; dass aber nur die schon Verstorbenen über einen Schlüssel zum Betreten verfügen. War nicht Mutters Garten für sie, ist nicht mein Garten für mich ein Stück vom Paradies?

Auch das Thema „Auferstehung" wurde mir in zwei Träumen nahegebracht.

Es ist Ostermorgen, früh etwa 5 Uhr und noch dunkel. Mit Mutter und Lilo gehe ich auf dem Osterdeich stadteinwärts; wir wollen zur Osternachtfeier in den Dom. Eine große Freude ist in mir. Ich trage mit beiden Armen viele eingepackte Geschenke von den beiden. Auch Schallplatten sind dabei ohne ihre Hüllen. Ich fürchte, sie könnten zerkratzt werden. Mutter und Lilo haben aber ihre Cover in Abfalltonnen an der Straße geworfen. Das ärgert mich, denn nun muss ich zurücklaufen, um sie in den Müllbehältern zu suchen. Ich beginne damit in der Gegend meiner ehemaligen Schule und will dann von dort stadteinwärts in alle Abfalltonnen gucken. Eine große Traurigkeit ist in mir. (4/2006)

Was ist geschehen, dass sich meine Freude in Trauer verwandelt hat? Es ist Osternacht. Wir sind auf dem Weg, das Geheimnis der Auferstehung zu feiern. Die beiden Verstorbenen haben mich beschenkt mit ihrer Erfahrung eines neuen Lebens. Sie wird ausgedrückt im Bild der unverhüllten Schallplatten: Jetzt ist die Zeit für ihre wunderbare Musik, für Gesang und Freude. Die Platten müssen nicht geschont werden; ihre Cover sind überflüssig; sie konnten weggeworfen werden.

Der Traum nimmt mir die Verhüllung fort, damit ich das Eigentliche wahrnehme und lebe: das Hören, Genießen und Mitsingen der Musik, d. h. die Verkündigung der Auferstehung. Aber ich verstehe die frohe Botschaft nicht! Ich gehe zurück in meine Arbeitswelt, konzentriere mich auf Abgelegtes, krame im Müll des Vergangenen.

Ich will aus meiner früheren Wohnung den Mülleimer zum Entsorgen holen, doch die Tür schlägt zu, der Schlüssel steckt innen und ich kann nicht mehr zurück.

Nun beginnt eine Reise über mehrere Stationen. Sie führt schließlich nach Jerusalem auf den Tempelberg. Ich schaue mich auf der Plattform um und spreche ein Wort vor mich hin: „Auferstehung". Da kommt ein alter Araber in weißen Gewändern zu mir; er will mir die Gartenanlagen auf dem Tempelberg zeigen.

Wir sind auf dem oberen Plateau, von dort fallen Terrassen abwärts. Auf ihnen befinden sich mit Steinmäuerchen eingefasste Hochbeete, in denen uralte Ölbäume wachsen. Alles ist gepflegt und sauber. Überall sind Menschen; sie spazieren auf den Wegen und Treppenanlagen oder sitzen nebeneinander auf den Einfassungsmauern.

Es ist ein heiterer Tag, eine Sonntagsausflugsstimmung. Mein Begleiter erzählt: Jedem gehöre hier ein Stück des Gartens. Die Leute säßen vorne auf ihrem Platz, der so groß sei, dass sie sich lang auf die Erde legen könnten. Ich möchte länger als die geplante Woche in Jerusalem bleiben. Vielleicht kann ich meinen Rückflug aus dem Sammelflugschein auslösen. (2/2009)

Der Traum führt mich vom „Müll" meiner alten Lebensverhältnisse zur „Auferstehung" auf den Tempelberg von Jerusalem. Die Menschen dort sitzen auf ihren Gräbern. Sie genießen die Sonntagsruhe.

Der Tempelberg gilt in den monotheistischen Religionen als Ort der Auferstehung. Er ist von Gräberfeldern umgeben, weil jeder bei den Ersten sein möchte, die das Wunder der Auferstehung erleben. Ich wohne weit von diesem Ort entfernt, aber hier möchte ich bleiben: im hellen Sonnenlicht, unter den uralten Lebensbäumen, in der Gemeinschaft der vielen in Feiertagsstimmung; eingeweiht von dem Alten Weisen in seinem weißen Gewand.

Das Leben jenseits der Grenze bleibt ein Geheimnis. Doch gibt es viele Träume, die vom Zusammentreffen mit den verstorbenen Angehörigen erzählen. Ein Traum führt uns sechs Familienmitglieder wieder zusammen:

Die ganze Familie geht durch ein Warenhaus, dessen reichhaltiges Angebot auf drei Ebenen ausgebreitet ist. Jeder von uns sucht nach etwas anderem. Ich brauche ein Kästchen für meine goldenen Sterne vom Weihnachtsbaum und finde auch eins, das mir gefällt. Es befindet sich zwischen alten Verpackungskartons, die zum Entsorgen zusammengestellt sind. Später gehe ich mit meiner Schwester G. zum Ausgang. Mein Bruder ist irgendwo hinter uns.
Hinter einer Flügeltür im Eingangsflur treffe ich die Mutter im Gespräch an. Lilo kommt von einer Seitentür zu uns, zum Fortgehen bereit. Der Vater ist schon durch den Hauptausgang nach draußen getreten, wo er auf uns wartet. Die Atmosphäre zwischen uns ist freundlich, geduldig, gelassen. (7/2007)

Auf unserem Weg durch das „Warenhaus", durch die Fülle des Lebens, verfolgten wir unterschiedliche Ziele. Ich fand im Abfall „Das Kästchen für die goldenen Sterne", wohl ein Bild für das Selbst. Wir sind auf dem Weg zum Ausgang, zum Lebensende: Der Vater ist uns vorausgegangen (schon seit 1952); Mutter und Lilo haben die erste Glastür passiert und warten vor der letzten (seit 1991 und 2003); wir Lebenden kommen nach. Der Traum weist auf die Zusammengehörigkeit der Familie hin; wir sehen uns wieder! Einige Träume zeigen die Befindlichkeit der verstorbenen Familienmitglieder.

In einem Wohnraum treffe ich Vater und Mutter. Sie hat schöne schwarze Locken wie in den 40er Jahren. Vater war lange fort. Ich bin voller Freude und Glück und umarme beide gleichzeitig. Später kuscheln wir auf einer breiten Liege. Ich bin aber skeptisch, ob der Vater lange bei uns sein wird, darum lasse ich ihn der Mutter und ziehe mich zurück. (3/2004)

Oder:

Ich gehe in Mutters Wohnung. Sie liegt dort auf einem Bett als Tote
aufgebahrt. Viele Federbetten liegen auf ihr.
Ich drücke sie zur Seite und fühle, wie kalt sie ist.
Nun schaue ich ihr ins Gesicht. Sie lächelt so freundlich und gütig, dass ich
ihren Ausdruck auf einem Foto festhalten will. Ich sage laut: „Das freut mich
aber, dass du mich so liebevoll anlächelst!" (3/2004)

Oder:

Meine Geschwister und ich sind auf einem Friedhof.
Wir haben einen Zettel mit der Information, wo Mutter aufgebahrt ist. Ich
denke: „Haben wir sie denn nicht schon beerdigt?" Ich laufe suchend durch
eine Begräbnishalle, erst nach links, dann nach rechts. Da ist sie!
Sie sitzt an einem Tisch und lacht mich an. Sie bewegt sich wie im Leben.
Ich frage erstaunt: „Mutter, bist du's?" (10/2005)

Wir können nur menschlich über den Tod denken: Wir wollen die Mutter
wärmen mit den vielen Decken; wir suchen ihr Grab auf dem Friedhof; wir
vergaßen, dass sie auch einmal jung und hübsch war. Sie aber lächelt liebevoll
zu meinen Bemühungen, ja, sie lacht mich an. Ihr Gesicht zeigt mir, dass sie
in ihrer neuen Welt glücklich ist und mit Freundlichkeit auf uns schaut.

Die Kommunikation zwischen Mutter/Lilo und mir ist jedoch nicht
eindeutig. Manchmal suche ich sie auf, manchmal gehe ich andere Wege. Ein
Beispiel:

Ich bin in der neuen Wohnung von Mutter und Lilo und staune, wie schön
es dort ist. Sie wohnen in einer alten Villa am Osterdeich. Die großzügig
geschnittenen Räume sind mit wertvollen alten Möbeln ausgestattet. Von dort
aus führt eine Freitreppe über eine breite Terrasse in einen Gartenpark mit
hohen alten Bäumen. Ich möchte mich auch in diese Villa einmieten.
Da kommt der Besitzer des Hauses und fordert mich auf zu gehen. Er besteht
darauf. Es ist wohl schon spät in der Nacht. (10/2007)

Oder:

In meinem Garten erwarte ich den Besuch von Lilo. Mir fällt auf, dass meine Nachbarn an der Seite zu meinem Grundstück hohe Sträucher gepflanzt haben. Da kommt sie auch schon durch das Gartentor. (1/2008)

Oder:

Lilo und ich joggen auf einem Weg neben einem Fluss. Vor uns liegt ein Friedhof hinter einer Mauer. Der Weg führt durch das Tor in den Friedhof hinein. Ich halte an; Lilo joggt weiter auf den Friedhof. (9/2007)

Während ich mit den verstorbenen Angehörigen zusammensein will, werde ich aus ihrem Raum fortgeschickt. Andere Leute grenzen sich von uns ab. Doch ich gehe auch eigene Wege und folge Lilo nicht auf den Friedhof.

Die Träume warnen mich auch, nicht zu sehr in die Welt der Toten hineinsehen und -hören zu wollen. So zum Beispiel:

*In meiner früheren Wohnung bin ich telefonisch mit der Wohnung meiner Mutter verbunden. Ich höre sie mit Lilo reden. Ich rufe: „Hallo! Hallo!"
um mich bemerkbar zu machen. Aber Mutter hört mich nicht am Telefon.
(8/2008)*

Oder:

*In einem sommerlichen Gartencafe sitzen meine Geschwister und ich um einen Tisch herum, um Kaffee zu trinken. Da sehe ich, dass Lilo auf dem Stuhl links neben mir Platz genommen hat. Die anderen bemerken sie nicht. Ich rede mit ihr, frage vieles, auch nach der Mutter. Es gehe ihnen gut, sagt sie.
Dann ist sie fort. Ich sehe sie noch einmal auf einer Galerie oben am Gasthaus hinter Bäumen. Ich winke, rufe ihr etwas zu. Sie winkt zurück. Die anderen sehen nichts und wundern sich. (11/2009)*

Ich habe Verbindung zu den Toten der Familie. Sie leben in ihrer eigenen Welt. Ihre Nähe befremdet mich nicht. Aber die Träume prägen es mir ein: Bleibe im Hier und Jetzt!

Einige Jahre später, als sich bei mir ernsthafte Erkrankungen einstellen, fühle ich mich von der Nähe des Todes bedroht. Das Gespräch mit dem Unbewussten wird plötzlich konkret. Ein Fremder heftet sich an meine Spur; ein Einbrecher dringt in meine Wohnung ein. Ich träume:

Ich besuche eine Freundin; sie holt mich vom Bahnhof ab.
Auf dem Weg zu einem großen, schönen Hotel ziehe ich einen Rollkoffer hinter mir her. Ein mir unbekannter Mann folgt uns. Er will mitkommen und Kontakt zu mir herstellen.
Ich weise ihn ab. Er signalisiert mir aber, dass er mich nicht loslassen wird, dass er mich finden wird, wo immer ich bin. Ich bin erleichtert, als wir im Hotel sind. (9/2011)

Oder:

Im Haus meiner Schwester G. hören wir Geräusche auf dem Flur. Sofort öffne ich die Tür und laufe dorthin, während G. zögert. Ich sehe den Einbrecher: Es ist ein junger Mann mit hellen, krausen Haaren. Ich sage: „Hier gibt es nichts zu holen! Wir haben Schulden!" und dränge ihn durch die Haustür nach draußen. Schnell drehe ich den Schlüssel um. (9/2010)

Oder:

Sonntagmorgen in meiner neuen Wohnung: Sie ist in einem modernen Neubau mit mehreren offenen, lichtdurchfluteten Räumen. Ich komme wohl gerade aus dem Bad, trage einen weißen Bademantel. Nun will ich es mir gemütlich machen.
Da ist ein Mann plötzlich im Raum! Wie ist er herein gekommen? Er ist jugendlich, leichtfüßig. Ich dränge ihn hinaus ins Treppenhaus. (10/2011)

Oder:

In Berlin: Ich habe eine geräumige Wohnung in einem großen Wohnhaus.
Sie ist aber schon leergeräumt, denn ich will wieder nach Bremen ziehen. Ich
höre plötzlich, dass jemand unten in die leerstehende Wohnung eingetreten
ist.
Ich fühle mich bedroht und schließe meine Zimmertür deutlich innen zu, so
dass er hier nicht unbemerkt eindringen kann. Ein Einbrecher? Vielleicht ein
Mörder?
Ich packe meine letzten Sachen zusammen und schaue dabei aus dem Fenster.
Mein Bruder geht vorbei. Er ist es also nicht, der unten die dunkle Wohnung
betrat! (4/2016)

Nun ist es also soweit; jemand verfolgt mich, gelangt in meine Privatsphäre, macht mir Angst. Der ungebetene Gast hat sich gezeigt. Sein Aussehen erinnert mich an Hermes aus der griechischen Mythologie. Kommt er schon, der Begleiter der Toten in die Unterwelt? Er hat sich gemeldet, aber noch bleibe ich Herr der Lage.

Manchmal geschieht das Wunderbare, dass mir das Unbewusste mit einem Traum eine Deutung des Todesgeheimnisses anbietet. Auch wenn manches Bild rätselhaft bleibt, verstehe ich die Grundaussage des folgenden Traumes:

Ich bin in einer Gruppe zu einer Fortbildung, doch plötzlich sind alle
Teilnehmer aus dem Raum und ich laufe ihnen nach. Ich merke, ich bin
in Marburg in der Alten Universität, sehe noch, dass die Gruppe in die
Universitätskirche eilt, und folge ihr. Zunächst sehe ich sie aber dort nicht,
sondern bemerke in einem Nebenraum eine fröhlich singende und in die
Hände klatschende Versammlung von Wallfahrern. Als ich im rechten
Seitenschiff nach vorne gehe, sehe ich meine Gruppe wieder: Die Leute
drängeln sich auf einer Treppe, die in einer Linkskurve abwärts unter den
Altarraum führt.
Während ich nun auch dort hinabeile und mich dabei an einem
Holzgeländer festhalte, nehme ich wahr, was im Altarraum vor sich geht.
An der Stelle des Altars steht ein sehr großer alter Feuerherd mit einer

Eisenplatte, in die Ringe eingelassen sind. Auf ihr befinden sich große Kochtöpfe, in denen drei behäbige Köchinnen in weißen Kitteln und mit weißen Kopftüchern eine kräftige Suppe zubereiten. Ich sehe sie die Speise umrühren.

Unten am Ende der Treppe verschließt ein schwerer schwarzer Vorhang den Eingang zu dem dortigen Raum, der die Krypta sein müsste. Er ist aus festem glattem, Gummi ähnlichem Material, das sich unangenehm kalt anfühlt. Man muss ihn anheben und unter ihm durchrutschen, um weiter zu kommen. Die Leute vor mir schieben sich nach unten. Eine junge Frau hat es so eilig, dass sie kopfüber an mir vorbei und unter dem Vorhang hindurch stürzt. Es ist vollkommen dunkel. Ich rufe: „Ich kann überhaupt nichts sehen!"

Ich bin fest eingeklemmt zwischen den Körpern der anderen, finde die Treppenstufen nicht mehr und weiß nicht, wohin ich trete. Panik erfasst mich.

Nun habe ich mich unter dem schwarzen Vorhang durch geschoben. Ich richte mich auf. Ich stehe ganz allein in einem sehr hellen Raum. Alle anderen Leute sind weg.

Wo bin ich? Ich schaue mich um.

Weißes Tageslicht erfüllt den Raum. Woher kommt es?

Ich sehe keine Fenster oder Lampen. Nun trete ich in die Mitte dieses Ortes. Er hat einen sechs- oder achteckigen Grundriss und ist überwölbt. Zu meiner linken Seite erkenne ich einen Altar mit einer weißen Decke. Nun stelle ich fest, dass überall solche weißen Tücher ausgebreitet sind: auf dem Boden, an den Wänden und im Gewölbe. Ordentlich hängen oder liegen sie nebeneinander. Sie sind rechteckig, aus weißem Naturgarn gewebt; an ihren Schmalseiten erkenne ich sechseckige Muster aus honiggelben Fäden.

Ich stehe da und staune. Ich wusste nicht, dass unter der Marburger Universitätskirche solch ein heller Raum ist. (9/2008)

Ich deute diesen Traum als Weg durch den Tod. Ich komme an den „schwarzen Vorhang", die Grenze meines Lebens. Er fühlt sich „unangenehm kalt" an. Obwohl ich zusammen mit vielen Leuten diese Stelle erreiche, muss ich den Schritt unter dem Vorhang hindurch alleine tun. Ich stehe dort völlig im Dunklen. Panik erfasst mich. Die gesamte Situation überrascht mich. Die Gegebenheiten sind anders als erwartet. Was ich vor und hinter dem Vorhang erlebe, entspricht nicht meiner bisherigen Vorstellung: Wo der Altar sein müsste, steht ein Herd! Wo die Gräber in der dunklen Krypta sein müssten, erlebe ich einen fast leeren, lichterfüllten Raum! Ich bin an einen Ort gekommen, wo Verwandlungen stattfinden.

Was könnte es bedeuten, dass ein Herd die Stelle des Altars einnimmt? Auf dem Herdfeuer kochen Speisen. Sie sind für viele Hungrige bestimmt. Hier wird ins Bild gebracht, was am Altar beim Abendmahl symbolisch erfahrbar ist: Der Hunger nach der Gegenwart Gottes wird konkret gestillt. Das archaische Bild enthält ein Versprechen: Es ist genug da, um die Bedürfnisse aller zu sättigen.

Wie kann ich den Raum jenseits des schwarzen Vorhangs deuten? Ich müsste dort ja in der Krypta sein, am Ort der Gräber.

Darum halte ich die vielen weißen Tücher für Leichentücher.
Sie wirken neu und ungenutzt, sind vielmehr ausgebreitet zur Dekoration. Für ihren ursprünglichen Zweck werden sie nicht mehr gebraucht. Die in ihnen eingewebten sechseckigen Muster aus goldgelbem Garn erinnern mich an Bienenwaben. In der Wabe reift neues Leben heran; aus ihr werden neue Lebewesen hervorkommen. Sie ist ein Ort der Geburt.

War der Grundriss des Raumes ein Sechseck, so symbolisiert auch er als Wabe – möglicherweise – einen Ort der Entstehung neuen Lebens, vielleicht der Wiedergeburt.

War er ein Achteck, so könnte er als eine Überlagerung von Kreis und Quadrat auf die Verbindung kosmischer und irdischer Struktur verweisen.

Der Traum entwirft – für mein Verständnis – eine Vision von der Überwindung des Todes.

Im Raum der Gräber geschieht Verwandlung.
Der staunende Mensch steht in neuem Licht.
Er sieht, aber er versteht seine Situation nicht.
Etwas ganz Neues wird beginnen.

IV. Der Tod von Robert

Plötzlich wird für mich die Erfahrung des Todes Realität. Robert (vgl. „Individuation I", Kapitel VI) ist gestorben. Am 21.10.2010 erblicke ich völlig unvorbereitet die Anzeige im Weser-Kurier. Schon am nächsten Tag sollte die Trauerfeier sein.

Auf einmal stand meine Vergangenheit mächtig vor mir, meine Zeit mit ihm, 32 Jahre meines Lebens: die Sehnsucht nach seiner Gegenwart – der Kampf ums Freiwerden von ihm – die Abschiede – schließlich der Verzicht, umgedeutet als Gewinn. Ich merkte, der Schmerz war in der Tiefe geblieben.

Die Trauerarbeit der vielen zurückliegenden Jahre hatte ihn nicht gelöscht, sondern in das bisherige Leben einbezogen.

Unter den inzwischen neu gemachten Erfahrungen war er in alter Intensität geblieben und nun wieder da: Trauer über eine nicht gelebte Liebe, über die ausgesparten, nicht zur Entfaltung gekommenen Möglichkeiten, zusammen mit Robert einen Sinn zu erfüllen. Die alten Wunden waren wieder aufgerissen.

Ich war wieder im Lebensgefühl der achtziger Jahre.

Im Herbst 2010 ließ ich mich faszinieren von der Darstellung des Totenreiches (Duat) in der ägyptischen Mythologie. Ich entdeckte „Ba", den Seelenvogel, im Totenbuch des Ani (ca. 1420 v. Chr.)und kopierte ihn sorgfältig. Er wird dargestellt als Falke mit Menschenkopf und ist eine der drei Seelen des Verstorbenen, die dessen unsterbliche Substanz repräsentiert. Er trägt den Ring der Ewigkeit in seinen Krallen, den ich (unwissend) durch das Anch-Zeichen, ein Lebenssymbol, ersetzte. Ich malte ihn im Flug über einer nächtlichen Landschaft. (10/2010, siehe S. 38). Wohin ist er unterwegs?

... meine Seele spannte
weit ihre Flügel aus,
flog durch die stillen Lande,
als flöge sie nach Haus.

„Und meine Seele spannte weit ihre Flügel aus, Flog durch die stillen Lande, als flöge sie nach Haus." (J. v. E.)

schrieb ich aus Eichendorffs Gedicht „Mondnacht" unter das Aquarell. In dieser Zeit, aber vor der mich bestürzenden Todesnachricht träumte ich:

> *Ich gehe auf einem Wanderweg an einem mir entgegen sprudelnden Flüsschen entlang. Wo er über eine Brücke führt, steht das Haus eines alten Ehepaares. Die Frau spinnt Garn an einem Spinnrad; der Mann malt an einer Staffelei. Er möchte eine Zeitung von mir haben und ich reiche ihm die neue Ausgabe der ZEIT. Er blättert sie schnell durch und findet auf einer Innenseite, was er suchte. Es ist die Wiedergabe eines Gemäldes, an dem er arbeitete. Nun sei es in den richtigen Farben, betont er. Er weist mich eindringlich darauf hin. Seine Malerei war mir vorher blass und undeutlich vorgekommen.*
> *Ich erkenne ein weiträumiges Bauernland, dessen Horizont vom Licht der untergehenden Sonne vergoldet wird.* (10.10.2010)

Das im Traum Gesehene beschäftigte mich und ich versuchte den Glanz der Abendsonne über der Geestlandschaft in einem Bild (10/2010, siehe S. 39) festzuhalten. „Bald wird es dunkel", dachte ich und ließ den Himmel in kräftigem Gelb-Orange aufglühen. Dem Traumbild fügte ich jedoch etwas

hinzu: Ich malte Ba, den Seelenvogel, wie er über die Felder hinglitt in den Sonnenuntergang hinein.

Einige Zeit später machte ich eine Entdeckung: Es gab einen Zusammenhang zwischen diesem Traum, dem Entwurf des Bildes und Roberts Tod! Ich staunte.

Was wusste das Unbewusste denn über das Schicksal von Robert? Tage vor Roberts Tod hatte es Einblick in das kommende Geschehen und wollte mich informieren. Wollte es mich auf dieses Ereignis vorbereiten?

Der Alte im Traum machte mich ja aufmerksam auf das Bild in der Zeitung, an dem er gearbeitet hatte und das ihm nun als vollendet erschien. Es zeigte: Jetzt geht die Sonne unter! Und mein Aquarell stellte den Seelenvogel auf seinem letzten Flug in der Oberwelt dar.

So hätte ich erkennen können, dass das Unbewusste mich in seiner Sprache auf eine Todesanzeige hinweisen wollte.

Aber ich dachte nicht an Robert nach so vielen Jahren Abstand zwischen uns.

Nachdem ich die Zeitungsanzeige mit Bestürzung gelesen hatte, verlor ich mich tagelang in einer Stimmung von Trauer und Schwermut. Doch nun griffen drei Träume helfend und kritisch in meinen depressiven Zustand ein:

Ich bin eine junge Lehrerin in meiner früheren Schule.
Das ganze Gebäude ist eine Baustelle: Ich kann zwischen Wänden und Fußböden durch die Stockwerke hindurch in die Tiefe sehen. Auf dem Flur sehe ich Gerüste; Gänge sind mit Seilen abgesperrt. Ich muss mich festhalten. Wo ist ein sicherer Ort für den Unterricht?
Nun bin ich als Schülerin während einer Chorfahrt zusammen mit den anderen in einem Wiener Cafe. Eine Mitschülerin steht auf und singt den Mendelssohn-Psalm:
„Ich hebe meine Augen auf zu den Bergen“; eine zweite singt nun im Duett mit ihr. Wer übernimmt die dritte Stimme? Da erhebt sich im hinteren Raum eine alte Lehrerin, altmodisch gekleidet und frisiert. Ich erwarte einen peinlichen Auftritt. Sie aber singt ihr Lied aus sich heraus, eine wunderbare Melodie, mit reiner, klangvoller Stimme. (26.10.2010)

Und:

Ich gebe in einem Klassenzimmer eine Zeichenstunde.
Ein Kind weint vor sich hin. Ich gehe aber fort, um für mein Bild schwarze Tusche zu kaufen. Auf dem Rückweg sehe ich, dass das weinende kleine Mädchen von einer Freundin heimgebracht wird. Als es sein Elternhaus betritt, dreht es sich um und lacht mich an. Nun treffe ich Robert im Gespräch mit jemandem vor der Tür des Klassenraumes.
Er macht mir Vorwürfe, dass ich mich nicht genügend um die Kinder kümmere. Ich denke: Du hast das Weinen doch auch gehört! (29.10.2010)

Diese beiden Träume wollen mir helfen und mich wieder aufrichten. Sie wissen, dass ich in einer Identitätskrise bin. Sie zeigen mir fünf Bilder von mir aus unterschiedlichen Entwicklungsstufen und fragen mich: Wer bist du denn heute?

- Bist du noch das Kind, das weint und zu Hause sein möchte, um das sich Robert kümmern sollte?

- Bist du noch die junge Lehrerin, die keinen festen Boden unter den Füßen hatte, als du Robert kennenlerntest?

- Willst du weiterhin mit schwarzer Farbe zeichnen, dich nur mit deiner Trauer beschäftigen?

- Willst du dich abwerten, weil du alt geworden bist, aus den Augen der Jugendlichen?

- Oder kannst du dich in der alten Lehrerin erkennen, die ihr eigenes Lied singt, mit sich selbst identisch ist?

Das Unbewusste tröstete mich: Erkenne dich in der alten Lehrerin, sie hat ihre Lebensmelodie gefunden; sie ist authentisch. Sie lebt in der Erfahrung und im Vertrauen, dass Gott ihr hilft. Darum kann sie singen: „Meine Hilfe kommt von dem Herrn, der Himmel und Erde gemacht hat. " Und: „Der mich behütet, schläft nicht. " (Psalm 121,1-3) Ich lachte und sah, wie recht meine Träume hatten. Ich konnte die Vergangenheit lassen; ich hatte mich wiedergefunden. Darum war ich auch fähig, den dritten gleichzeitigen Traum zu akzeptieren und seine Kritik umzusetzen.

Ich bin nach einer langen Wanderung auf dem Gipfel des Brocken, dem höchsten Berg in Nord-Deutschland.
Ich suche in einem jungen Fichtenwäldchen von einem zerfahrenen Waldweg aus ein stilles Örtchen, um auszutreten. (29.10.2010)

Der Traum wies mich in deutlicher Sprache zurecht: Du bist endlich auf dem Gipfel des Berges angekommen. Du könntest von hier aus in die Ferne schauen, den Rundblick genießen, eine neue Perspektive für dein Leben finden! Aber was tust du? Wonach suchst du? Befasst du dich immer noch –

derb ausgedrückt – mit deiner „alten K... "? Diese Thematik hattest du schon seit langem verarbeitet! (Vgl. „Individuation I", Kapitel VI)

Diese Zurechtweisung tat mir gut. Ich richtete mich wieder auf, sah um mich und fand, was mich seitdem interessierte und beschäftigte. Nun wandte ich mich wieder der ägyptischen Mythologie zu und all den Anregungen von der Akademie für Weiterbildung der Bremer Universität.
Das Unbewusste nahm nun das ägyptische Motiv des Seelenvogels wieder auf, so wie ich ihn zweimal fliegend in der Oberwelt malte. Ich traf ihn aber in der Unterwelt an.

Er war „hinabgestiegen in das Reich des Todes" (Credo), als ob auch er Roberts Weg gehen müsste. Dort wurde er – wie der Sonnengott Re während seiner Nachtfahrt durch die Gewässer der Unterwelt – angegriffen von der Riesenschlange Apophis, die als Feindin des Lebens Re immer wieder neu bekämpft, ohne ihn endgültig zu besiegen. (Anm. 3) Die rote Farbe der Schlange, die den Ba verfolgt, zeigte die Emotionen in dieser Situation: Mein Seelenvogel war der tödlichen Bedrohung ausgeliefert – ein Bild für meine dunkle Stimmung nach Roberts Tod.

In meinem Bild aber – anders als im ägyptischen Mythos – breitet der Sonnengott schützend seine Flügel über die gefährdete Seele. Er ist da als Retter in der Not. (11/2010, siehe S. 43)

Noch einmal sah ich Apophis, nun außerhalb der Totenwelt: Er ist einbezogen in die Sphäre des göttlichen Lichtes und rollt sich in dessen Helligkeit zusammen. (1/2011, S. 44) Dort im Glanz Gottes ist er entmachtet.

„Der Tod wird nicht mehr sein. " (Offb. d. Joh. 21,4) schrieb ich abschließend unter meinen Darstellungs-Versuch. Dieses Bild erschien mir wie eine Vision, als Vorgriff auf eine Endzeit, die uns noch verborgen ist. Es enthält die Hoffnung, dass einmal Trauer und Tod überwunden sind.

Wie kann ich meine Dankbarkeit zum Ausdruck bringen, dass mir das Unbewusste in dieser schweren Zeit so hilfreich zur Seite stand, mich zunächst vorbereiten wollte auf die schlimme Nachricht, mich dann in der Trauer stützte und auch korrigierte, mir schließlich eine neue Perspektive schenkte?

Ich will weitererzählen, was ich im Gespräch mit dem Unbewussten erlebte, und so vielleicht andere Menschen darauf aufmerksam machen, welche Kraft sie gewännen, wenn sie auf ihre Träume achteten.

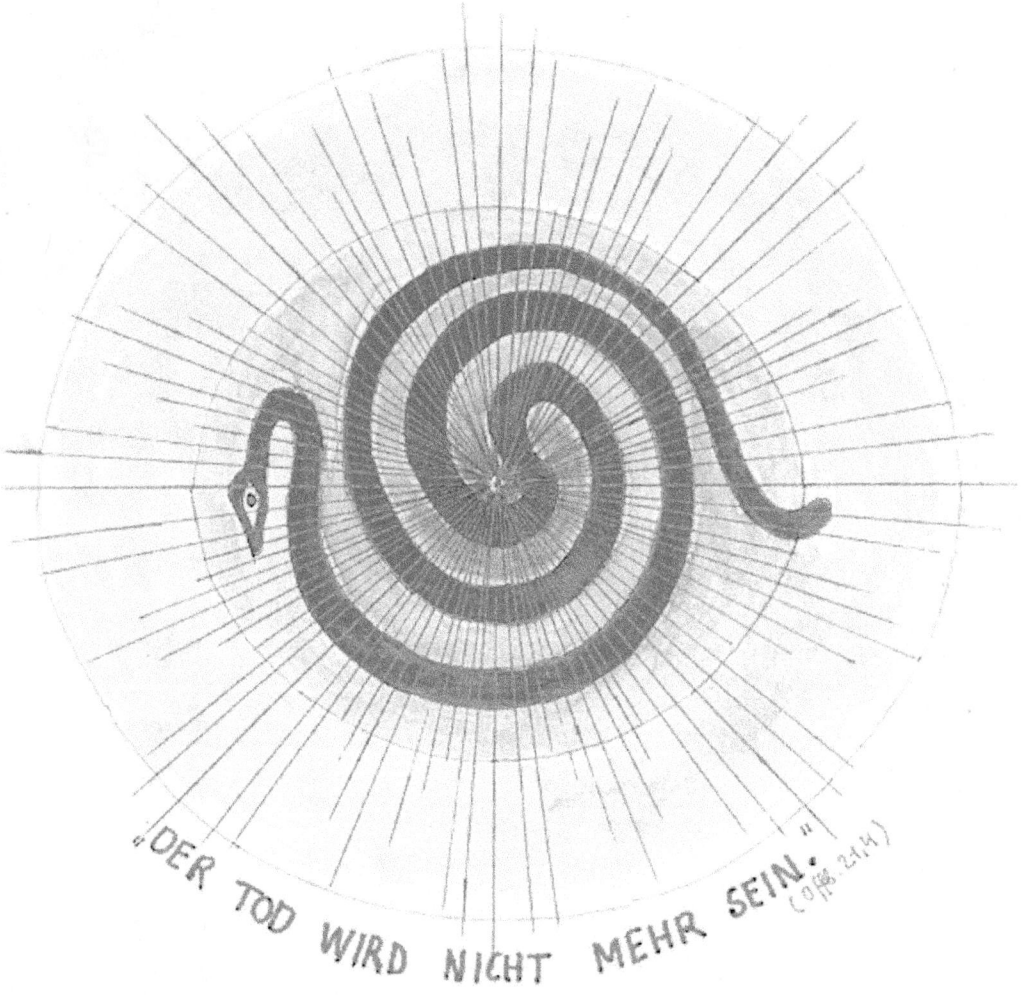

„DER TOD WIRD NICHT MEHR SEIN." (Offb. 21,4)

44

V. Eine lebensbedrohende Krise

Im Jahr 2013 stellte sich bei mir zweimal eine Lungenembolie ein. Die erste hatte zur Folge, dass ich meinen Garten verkaufen musste, weil die Tätigkeiten dort nun meine Kräfte überstiegen. Ich musste Abschied nehmen vom Ort meiner Glückserfahrungen.

Wie nahe war ich der Totenwelt gekommen? Zwei Träume griffen diese Frage auf und antworteten mit mythologischen Bildern:

Ich bin in der Wohnung meiner verstorbenen Schwester Lilo. Es ist ein offener, heller Neubau mit einer modernen Einrichtung. Lilo steht in einer Art Anrichte. Der Raum füllt sich mit Gästen, die sich Speisen auf Tabletts wie in einem Selbstbedienungsrestaurant holen und Platz nehmen an einem großen Tisch mitten im Zimmer. Sie genießen ihre Mahlzeit. Ich setze mich zu ihnen, aber mit einem leeren Tablett.
Dann sitze ich mit meiner Schwester G. an einem runden Restauranttisch mit weißer Damasttischdecke. Wir haben zusammen gefrühstückt; die Reste werden gerade abgeräumt. (5/2013)

Mit einem jüngeren Paar bin ich im Eingangsbereich eines Kellers, der weiträumig nach hinten in einen gemauerten Gang führt. Der Vorraum ist schwach erleuchtet, der Gang vollkommen schwarz. Ein Wächter verlangt Eintritt in den dunklen Hintergrund: 50 Pfennig pro Person als Silbermünze. Ich will für uns drei zahlen. Es ist aber so dunkel, dass ich die passende Münze im Geldbeutel nicht finde; beim Suchen fällt eine große silberne 10,-Euro-Münze auf den Fußboden. Ich reiche dem Wächter meine Börse, er solle die passenden Geldstücke herausnehmen, was er auch tut. (7/2013)

Das Unbewusste zeigt mir: Ja, ich habe schon den Eintritt in die Unterwelt bezahlt, die Silbermünze, die Charon für die Fahrt über den Styx verlangt. Aber ich muss noch nicht bleiben bei den Toten. Ich habe nicht von ihrer

Speise gegessen, so wie es Kore unwissend tat, als sie, von Hades geraubt, in seinen Machtbereich geriet und deswegen dort bleiben musste.

Als die zweite Embolie in der Computertomografie der Lunge sichtbar wurde, informierte mich der behandelnde Arzt: „Sie können jederzeit tot umfallen." (03.12.2013)

Ich nahm die Diagnose gelassen auf. „Meine Zeit steht in deinen Händen. " (Psalm 31,16) dachte ich. Dennoch überfiel mich später ein tiefes Erschrecken.

Ich hatte zu malen begonnen, was aus dem Unbewussten als Bild auftauchte: Vor einer fernen Gebirgskette spiegelt sich die untergehende Sonne in einem See. Ich begriff: Das reflektierende Bewusstsein (der See) zeigte mir, dass es Abend wird. Diese Erscheinung hatte ich schon einmal gemalt, damals nicht verstanden und wie den entsprechenden Traum übersehen. Sie war die Vorausdeutung auf Roberts Tod (vgl. S. 37 ff.). Ich erschrak.

Das Unbewusste zeigte mir den Sonnenuntergang. Wollte es mich auf das Ende vorbereiten, warnen?

Ich malte an die Stelle der untergehenden Sonne das Bild der Großen Mutter mit einer mittelalterlichen Haube. Sie ist die Mutter Erde, sie wird mich in die Arme nehmen. Ich versuchte, diese Umarmung zu zeichnen.

Da greift etwas Eiskaltes nach mir.
Die Umarmung der Mutter Erde ist ein Bild für das Totsein.
Erde umschließt die Tote; sie ist im Grab.
Ich erstarre. Bin ich so nahe an meinem Tod?

Nun erinnerte mich das Unbewusste an ein Bild der Großen Mutter, das ich vor Jahren in dem Märchen „Geschichte der Bettlerin" beschrieben hatte (vgl. „Individuation II", Kapitel VII, 4). Der Textauszug (auf S. 47 f.) erzählt, wie die Bettlerin in einem sehr hohen Baum zunächst hinauf und dann in seinem Stamm herabsteigt, bis sie in der Tiefe eine alte Frau mit ihren Tieren trifft. Ich malte die Alte in ihrer Höhle: Hier wird die Suchende freundlich empfangen. Es ist dunkel, ein Feuer flackert und wirft tanzende Schatten an die Höhlenwand. Die Augen der vielen kleinen Pelztiere glühen im Schein einer Kerze gelb-grün-glänzend. Das Gewand der Alten zerfließt im nächtlichen Raum.

Eines Tages merkte sie eine Veränderung im Treppenschacht. Die Treppe
führte auf Podeste, Türen gingen zu den Seiten ab; und stieg sie auch tiefer,
so gab es nun Geländer, Teppiche auf den Stufen, hin und wieder Fackeln an
den Wänden. Immer prächtiger wurden die Räume. Die Frau stieg von oben
in ein dunkles Schloss hinein.

„Wer wohnt hier?" dachte sie und bekam Angst, entdeckt zu werden. Aus
schwarzem Felsgestein waren die Stufen der Treppe geschlagen. Sie führte in
eine halb dunkle Halle, in deren Mitte ein mächtiger steinerner Tisch und
ein Lehnstuhl standen. Sie wollte sich eben hinter der Treppe verbergen, da
hörte sie eine Stimme sagen:

„Komm' näher, wir wissen, dass du da bist. Sei gegrüßt!"

Eine alte Frau ging auf sie zu, mit Augen so alt wie die Steine um sie herum. Da verließ alle Angst die Frau, sie fiel ihr zu Füßen und sagte: „Verzeiht, ich fand keinen anderen Weg als den hierher. Ich weiß nicht, wo ich bin. "

Nun sah sie den Mantel der alten Frau. Aus Fellstückchen war er zusammengesetzt, aus winzigen Teilen, schwarz und braun, gelb und rötlich; glänzend und matt die Haare; glatt und gekräuselt; gefleckt, gepunktet, gestreift. Der Fellmantel ging über in eine lebende, atmende Masse kleiner Pelztiere. Hamster und Maulwürfe sah sie, Eichhörnchen und Marder, Mäuse, Igel und Ratten, rote Füchse und Wiesel waren da und unzählige Tiere, die sie gar nicht kannte. Alle Augenpaare starrten sie aus dem Dunkel an, durchsichtig gelb, braun und grün glänzend; und das Licht der glimmenden Goldfeder spiegelte sich in ihnen wider.

„Setz dich zu mir, mein Kind", sagte die Alte, „und erzähle mir, wie du hierher gekommen bist. Denn niemand besucht uns. Mit den Tieren der Erde lebe ich hier alleine. "

„Ich suchte den Weg zu den Menschen", sagte die Frau, „aber ich fand nur den Eingang in den Baum hinein. So kam ich hierher. "

„Sie wohnen höher als wir", sagte die Alte, „sie leben auf der Erde, meine Tiere aber bauen Höhlen in der Tiefe bei den Wurzeln der Bäume. Zu den Menschen können wir dich nicht führen. "

„Bleibe bei uns", fuhr die Alte fort, „sieh, wie sich die Tiere um das Licht deiner Feder sammeln; solch ein warmes Leuchten haben sie hier unten nicht. "„Ich will dir die Feder schenken", sagte die Frau, „hier im Dunklen leuchtet sie am schönsten. "

„Welch eine wunderbare Gabe bringst du uns", sprach die alte Frau, „komm', ich will dir unsere Schätze zeigen; du kannst mitnehmen, was dir gefällt."...

Mir wurde wunderbar warm dort, die Eiseskälte wich von mir. Ein Gefühl von Geborgenheit und Wohlsein entstand. (12/2013 bzw. 11/2014, siehe S. 47) Ein drittes Bild folgte:

Eine Treppe führt rechts aus der Höhle in die Höhe und die Besucherin steigt hinauf aus dem Baum hinaus. Nun ist die Perspektive verändert, ich sehe den Baum von außen. Ein kleines Mädchen tritt aus dem mächtigen Stamm hinaus und goldenes Laub fällt aus der Eiche auf es herab. So war

einst ein Goldregen auf Marie nach ihrem Dienstjahr bei der Frau Holle am Tor zwischen der Jenseits- und der Diesseitswelt niedergefallen. Ich verstehe den Goldregen als Segen, den die Große Mutter ihrem Schützling mit auf den Weg gibt. (12/2013)

Drei weitere Bilder entstanden im Februar 2014. Sie sind angesiedelt in einer Frühlingslandschaft, in der das Mädchen der vorherigen Bilder mit der Großen Mutter zusammentrifft. Zunächst sieht es sie nicht hinter sich; dann lässt es sich von ihr beschenken mit den Früchten der Natur; später schmiegt es sich an sie in ihren grünen Mantel unter dem Holunderbusch. (2/2014, siehe S. 50-52)

Das Unbewusste hat mich in eine weit zurückliegende Zeit geführt, als ich sieben- bis achtjährig nach dem kalten Winter 1946 in einem Wiesental nahe bei meinem damaligen Zuhause mit anderen Kindern spielte.

Ich war mitten im Sonnenschein, auf warmer Erde in der Frühlingsluft. Es gab nur die Gegenwart und das Gefühl: Leben ist immer.

Die Natur schenkte ihren Reichtum, ihre Heilkräfte. Nun ängstigte die Umarmung der Erdmutter nicht mehr! Das Kind in mir gewann sein Vertrauen zu ihr zurück. Die Angst vor der Kälte des Grabes ist überwunden. Es ist einverstanden mit dem Rhythmus des Jahres, dem Sosein des Lebens, seinem Anfang und Ende.

Die Erfahrung der Todesnähe wurde nur mit Bildern aus dem Unbewussten verarbeitet. Sie führten zur Regression und Wiedergeburt aus der Höhle der Großen Mutter und dem Baumstamm, der ja auch eine Metapher für den Sarg ist. Das Unbewusste nahm mir die Angst vor der Kälte und Fremdheit des Todes.

Mein wiedererwachtes Lebensgefühl setzte ich, ohne mir den Zusammenhang bewusst zu machen, in die Tat um. Auf dem Riensberger Friedhof ließ ich an die Stelle von fünf alten Kastanien, die ein Sturm umgestürzt hatte, fünf junge rotblühende Kastanien pflanzen. Ich verstand sie als die Lebensbäume für die ganze Familie: in der Mitte steht der Baum für Vater und Mutter, um ihn herum wachsen nun die vier anderen für uns Geschwister mit den Ehepartnern. Inzwischen haben die schönen jungen Kastanien schon mehrfach geblüht und Frucht getragen.

Ein Bild malte ich noch im Zusammenhang mit der überwundenen Lebenskrise und ich schrieb auch gleichzeitig ein Gedicht dazu, so dass der Text und das Gemalte sich gegenseitig erhellen. (4/2014)

Die Uralte
in ihrer Hütte
fern, fern im Norden
kennt in der Mitternacht
die schwarze Sonne.
Mitten im Eis
schürt sie das Feuer,
backt sie das Brot
im eisernen Ofen.
Sie öffnet
Verirrten
die Tür.
Hier kannst du schlafen
wenn draußen die Eule schreit.
Tage ohne Namen.

So weit ich meinen Text verstehe, entwirft hier das Unbewusste, das mir die Metaphern vor meinem inneren Auge zeigte, ein Bild für das Grab. Am Beginn der Bilderserie (12/2013) erschreckte mich das Thema tief.

Hier schenkt die Große Mutter trotz der Todeszone, die sie umgibt, Wärme, Nahrung und Schutz. Sie lebt in Einsamkeit und Kälte, in der Welt der „schwarzen" Sonne, d. h. ohne Licht, Wärme und Leben. Sie ist da in der Zeit der „Tage ohne Namen". (Anm. 4)

Es ist die Zeit außerhalb der Zeitzählung, die nach der Vorstellung der Maya den Chaosmächten preisgegeben war; denn diese Tage hatten keine Schutzgeister. Auch sind sie für mich nicht verfügbar.

Die Hütte der Uralten erscheint mir als Bild für das Grab, das seinen Schrecken verloren hat. In ihrem Raum entsteht Vertrauen; sie beschützt den Schlaf des Verirrten, „wenn draußen die Eule schreit", die im Volksglauben den Tod ankündigt.

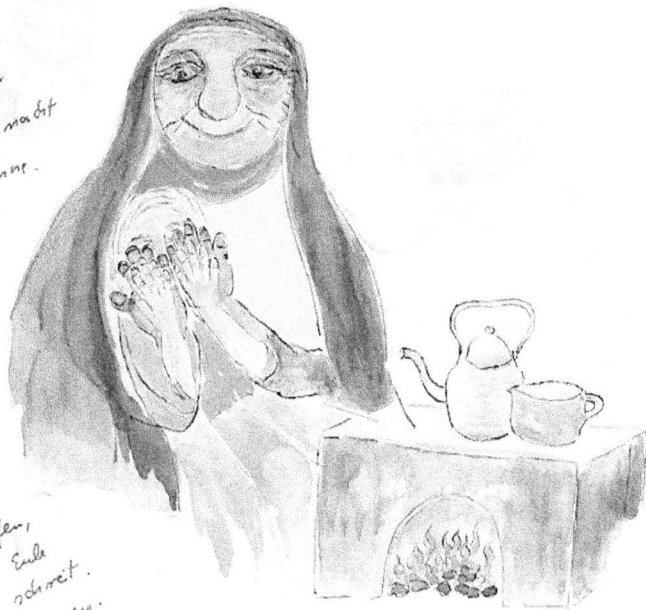

Die Uralte
in ihrer Hütte
fern, fern im Norden
kennt in der Mitternacht
die schwarze Sonne.

Mitten im Eis,
schürt sie das Feuer,
backt sie das Brot
im eisernen Ofen.

Sie öffnet
Verirrten
die Tür.

Hier kannst du schlafen,
wenn draußen die Eule schreit.
Tage ohne Namen.

VI. Versöhnung
mit dem Gedanken an meinen Tod

In einigen Gedichten habe ich mich mit dem Thema, sterben zu müssen, beschäftigt. Indem ich diese Vorstellung in Bilder brachte und die Aussage strukturierte, bearbeitete ich mit der äußeren Form auch meine Einstellung zum Inhalt. Welche Formulierung war zutreffend, für mich glaubwürdig? Welche konnte ich annehmen? Welche ausschließen?

Mit der Arbeit an den Gedichten näherte ich mich der Todesthematik, distanzierte mich von dem Versuch, sie zu verdrängen, und wurde vertraut mit dem schmerzhaften Gedanken an das Ende meines Lebens.

Ich charakterisiere kurz die zehn Gedichte.

Wie Orpheus singen (5/2012, siehe S. 59)
Einladung (6/2014, S. 60)

Ich begann in dieser neuen Arbeitsphase mit dem Orpheus-Motiv. Er war durch den Hades gegangen, nun musste er das Leben wiedergewinnen. Der Totenbegleiter Hermes forderte ihn auf, von der Unterwelt fortzugehen.

Die Schönheit der Ägäis entstand vor meinen Augen. Hier wurde der Tod „begraben", zurückgelassen und das Leben gefeiert.

Wie die Mücken (5/2012, S. 61)
Das Erntefest klingt aus (7/2013, S. 62)
Herbst (9/2014, S. 63)

Das Abschiednehmen wurde thematisiert. Es war unauffällig und im Einklang mit dem Dasein. Es konnte auch erlebt werden als Ende eines Festes in müder, dankbarer Stimmung. „Bruder Tod" wurde aufgefordert zu kommen.

Bei mir zu Hause sein (5/2015, S. 64)

Ich lernte, einverstanden zu sein, dass mein Leben einmal enden würde; war aber gequält und überfordert von den Kriegs- und Terrornachrichten, wie sie das Fernsehen täglich übermittelte. Auf das Chaos draußen reagierte ich mit Rückzug.

Die Uralte (4/2014, S. 65)
Der große Gärtner (6/2015, S. 66)

Mythische Gestalten tauchten auf und vermittelten mir die Einsicht, dass mein Leben auch einbezogen ist in den Kreislauf der Natur; dass Geborgenheit auch im Tod möglich ist.

Abendspaziergang (3/2016, S. 67)
Mein Engel (9/2016, S. 68)

Die beiden letzten Texte zeigten, dass ich einen Überblick über mein Leben gewonnen habe und ich dem Engel, der mich in allen Jahren begleitete, dankbar auch weiterhin die Führung überlassen will. Versöhnt mit dem So-Sein des Lebens, stelle ich fest, was auch geschieht,

Nachts glänzen Sterne immerfort im Weltenbaum. (*Herbst*, S. 63)

Wie Orpheus singen

Wie Orpheus singen
jenseits des Hades
auf rissigem Stein,
Steppenheide -
Thymianluft.

Hinter ihm
der Unterwelt
dunkles Tor:

Eurydike
so nah – so fern -

ihr weißes Gewand,
Sommerduft
verweht
in seinen Gesang.

Die Grillen schweigen
und lauschen.
Der Sommer weint.

Sieh,
diese Spinne:
mit silbernen Fäden
spannt sie ein Netz
vor der Felsenöffnung
schwarzer Tiefe;
grün rankt es von oben
mit Blättern und Dornen;
warm ist der trockene Grund.

Und sieh,
was Hermes zurückließ
für dich:
seine Sandalen
mit goldenen Flügeln.

Einladung

Noch einmal Ägäis –
Traum,
ins Blau gemalt.
Nur Wasser und Luft.
Der Himmel gespiegelt –
in der Tiefe die Wolken,
Inseln verankert.
Am Horizont
tanzen
Erinnerungen:
die schwarze Sonne
begraben
unter den Säulen
im Tempel aus Licht.
Hier feierten einst
Götter das Leben
und sangen zur Leier.
Sie laden dich ein:
Komm' !

Wie die Mücken

Wie die Mücken
schwerelos
tanzen im Sonnenschein
einen Tag lang
ganz bei sich selbst
und miteinander
und im goldenen
Abendlicht
wenn es dunkel wird
und die Kühle kommt
unbemerkt
verschwinden –
wer weiß, wohin?

So Abschied nehmen
aus der Fülle
des Lebens.

Das Erntefest klingt aus

Das Erntefest klingt aus mit letzten Liedern;
der Wein getrunken, süß und schwer.
Die Nacht erscheint im Glanz der Sterne.
Das Erntefest klingt aus mit letzten Liedern.

Der Wein getrunken, süß und schwer.
Der Heimweg liegt nun vor den Gästen.
Sie geh'n ins Dunkle, dankbar, müde.
Der Wein getrunken, süß und schwer.

Die Nacht erscheint im Glanz der Sterne.
Die Rätselbilder funkeln ungewiss.
Bald singen erste Vögel in den Gärten.
Die Nacht verblasst; der Morgen dämmert schon.

(angeregt von:
Ingeborg Bachmann: „Die große Fracht"; in:
„Gedichte, Erzählungen, ... München 1964, S. 13)

Herbst

Komm', Bruder Tod, in fahlen Herbstgewändern,
die Erntekrone im verblich'nen Haar.
Die Luft erfüllen letzte Abschiedslieder,
dann bleibt die Stille im verlass'nen Land.
Im trocknen Laub schon rascheln deine Schritte,
dein Mantel weht im Blätterfall.
Holunderdolden hängen reif zur Erde
und schlaffe Früchte trudeln schwarz herab.
Im späten Licht der Abendsonne
erglänzen Fäden, silbrig, fein,
gespannt von Zweig zu Zweig, von Ast zu Ästchen,
im Windzug leicht bewegt, nur heute schön –
wie einst Lametta in den Kindertagen,
in sel'gen Stunden unterm Weihnachtsbaum.
Es dunkelt schon, ein langer Tag will enden.
Dich zu empfangen, ist die Zeit nun da.
Und du, die Arme ausgebreitet,
umarmst den müden Tag,
nimmst ihn zu dir,
zur Ruh'.

Nachts glänzen Sterne immerfort im Weltenbaum.

Bei mir zu Hause sein

Bei mir
zu Hause sein
mitten im Chaos –
zu Hause sein
mit Bildern und Blumen,
Märchen und Träumen –
zu Hause sein.

Die Welt nach innen genommen –
blaue Gebirge,
Wüstenschlösser
und alte Geschichten,
das sanfte Meer.

Wie es ans Ufer schlägt
und erzählt
von Reisen und Fernen,
Tempeln im Licht
und dem Lächeln
einfacher Menschen,

von Kindern und Tieren
in ihren Dörfern,
die staunen
über die Fremde,
aus der du kommst.

Die Welt in dir –
ihrem Chaos begegnet
und ihrer Schönheit,
freundlichen Blicken,
ihrem Zauber,
Sonne und Mond.

Du kannst nun zu Hause sein,
betroffen und dankbar –
mitten im Chaos.

Die Uralte

Die Uralte
in ihrer Hütte
fern, fern im Norden
kennt in der Mitternacht
die schwarze Sonne.
Mitten im Eis
schürt sie das Feuer,
backt sie das Brot
im eisernen Ofen.
Sie öffnet
Verirrten
die Tür.
Hier kannst du schlafen,
wenn draußen die Eule schreit.
Tage ohne Namen.

Der große Gärtner

Auf ferner Insel
ein Gartenreich –

In grüner Wildnis,
im Blühen und Reifen
wirkt unermüdlich
der große Gärtner.
Hier ist sein Ort
am Wasser des Lebens.

Wer den Weg zu ihm fand
durch salzige Wüsten,
wo die Abwässer sich sammeln
aller Länder der Welt,
dem kommt er entgegen
und nennt ihn beim Namen.

Du stehst nun am Eingang,
tritt ein ins Geheimnis,
den Kreislauf des Lebens,
Keimen und Wachsen
und Wiedervergehen.
Schau –

Der Raum wird weit
von Farben und Düften.
Am silbernen Wasser
kannst du ruhen.
Schließ' deine Augen
und lausch' in die Stille:
der Garten singt.

Abendspaziergang

Straßen voll Wind und Bitternis –
Bergauf führt der Weg,
Steine und Sand;
Schollen von Erde
felderweit;
Kräuter am Wegrand,
vertrocknet.
Auf der Anhöhe
Rundblick und Ruhe.
Dem Himmel näher
und so fern.
Bläue und Dunst –
Hier- oder Dortsein?
Die Ferne verhangen –
Stiege doch die Lerche
im matt-goldenen Grund!

Mein Engel

Im Haus des Todes
schwarzer Wind,
das Licht der Venus
und ich
allein.

Der Karawanenführer
baut mein Zelt.
Nachts
entfacht er das Feuer
im Sand;
erzählt Träume und Märchen
und zaubert
die Schätze der Vorzeit
um mich herum.

Aus der Milchstraße
füllt sich mein Becher.
Durchsichtig werden
im Rucksack
die Steine.
In sieben Farben
schimmert der Kristall,
den er mir zeigte
im Schlackenmeer.

Er schenkt mir
den Garten im Jenseits,
wo ich atmen kann
zwischen Blüten und Blättern
im reinen Blau.

Zeige dich,
Engel!
Ich möchte dir danken.

VII. Eine erschreckende Diagnose

Im Jahr 2016 wurde ich mit einer Diagnose konfrontiert, die mir den Boden unter den Füßen wegzog. Eine bösartige Geschwulst hatte sich gebildet und musste durch eine Operation entfernt werden. Unklar war und ist, ob das Sarkom bereits seine Zellen durch die Blutbahn weitergeleitet hatte.

Zwei Träume in diesem Zusammenhang haben mir zu denken gegeben. Einen Tag vor der Kontrolluntersuchung, durch die die Veränderung im Gewebe festgestellt wurde, träumte ich:

Ich war am Familiengrab auf dem Riensberger Friedhof.
Überall lag eine reine, frische Schneedecke. Am Kopfteil der Grabstätte war ein Mann dabei, die Erde aufzugraben, wodurch er den Schnee mit den Erdschollen verschmutzte.
Ich forderte ihn auf, deswegen nicht weiterzugraben, und sagte, wir hätten hier bald eine Beerdigung, der Sarg stehe ja schon hier vorne. (22.08.2016)

Später fiel mir auf, dass der Baum, an dem der Mann stand, schon lange nicht mehr da ist. Der Traum hatte ein Bild aus den 50er Jahren gebracht, das Begräbnis meines Vaters. Ich wollte im Traum demnach nicht noch einmal die Schmerzen dieses Todes wachrufen. Der frische Schnee bedeckte sie und alle sich danach entwickelnden Verstörungen. Traum und ärztlichen Befund sah ich nicht in einem Zusammenhang.

In der Nacht nach der Operation (4./5.10.) setzte sich dieser Traum fort:

Wieder war ich – nun bei sommerlicher Vegetation – dort auf dem Friedhof, saß auf dem Grab und lehnte mich an den Grabstein mit den Namen der Eltern. Gleichzeitig sah ich mich von außen, vom Weg aus, wo ich im ersten Traum gestanden hatte. Und ich erblickte etwas Wunderbares:
Aus meinem Kopf wuchs ein zarter, filigraner grüner Busch, etwa 40 cm hoch, mit feinen Verästelungen, so wie ich früher einmal einen Korallenbaum (nur in rot) gemalt hatte.

Das Traumbild erfüllte mich mit einer großen Dankbarkeit. Ich wusste: ich werde leben, auch im Tod. Auf dem Grab, bei den Eltern entsteht neues, grünes, zartes Leben.

Etwa zwei Wochen später (17.10.) war die problematische Diagnose eingetroffen, die die depressive Stimmung auslöste. Da begann das Unbewusste mich anzuleiten zu malen, was durch Assoziationen nach und nach in mir als Bild erschien und sich auseinander entwickelte.

Ich ging von der Lazarus-Geschichte (Joh. 11) aus und dem Ruf, mit dem Jesus seinen Freund aus dem Grab herausholte: „Komm heraus!" (Joh. 11,44) Ein Christusbild zeichnete ich (sehr vereinfacht) aus den Initialen des Albani-Psalters (England, 12. Jh.) ab und eine junge Person im grünen Kleid, als die das Ich in meinen Malereien auftritt. Wie eine Blinde, die Hände tastend vorgestreckt, kommt sie aus ihrer dunklen Höhle dem Ruf entgegen, den ich in einer Sprechblase von der Christus-Darstellung ausgehen ließ. (10/2016, siehe S. 71)

Wie soll die Frau zu Christus gelangen?

Da wusste ich plötzlich, dass die Buchstaben des Rufes eine Brücke bilden, und ich suchte tagelang eine Form, wie sie zusammengefügt werden konnten. Aber es gelang mir nicht, sie zu einem festen Mauerwerk zu verbauen. Da schwebten sie plötzlich in einem Bogen frei in der Luft, über den das Ich - zunächst vorsichtig, dann tanzend – hinwegschritt. Die hilfreiche Hand Christi war ihm entgegengestreckt. (10/2016, siehe S. 72)

„ER gehört in den Mittelpunkt des Bildes", dachte ich, was ich dann (recht und schlecht) malte. Aber nun war das Ich ein kleines Mädchen, das sich in seinem grünen Mantel verbarg, so dass nur Kopf, Arm und Hand sichtbar sind. Es zieht den Rand des Mantels über sich und schaut skeptisch-bedrückt nach links. „Was mag da sein?" fragte ich mich.

Da tauchte der Grabstein aus dem Traum wieder auf. Mein Name steht darauf unter einem barocken Engelbild. „Es ist noch etwas dahinter", sah ich innen, und der Korallenbaum aus dem Traum erschien – nun in rot vor hellem Licht. Koralle – Grabstein – Christus mit dem Kind bilden nun eine Einheit. (11/2016, siehe S. 73)

Obwohl ich den Grabstein vor Augen hatte, fühlte ich mich geborgen. Hinter ihm befindet sich die rote Koralle, ein Sinnbild für Feuer, Licht und Leben – vor ihm steht Christus mit dem Schutzmantel. Was ich räumlich

„Komm heraus!".

gemalt habe, enthält auch eine zeitliche Aussage: Vor dem Tod und nach dem Tod ist Leben. Die Angst war verschwunden. Das Unbewusste hatte sie mir abgenommen; es wusste mehr als ich. Es sagte mir ja schon einen Tag vor der Untersuchung, dass ich eine tödliche Nachricht bekommen würde.

Damit es sich mir einprägt, dass das Kind/das junge Mädchen/das Ich sich in einem Schutzraum befindet, entstand noch einmal ein Bild zu diesem Thema: Zunächst malte ich nur den grünen Busch, die Koralle. Nun aber windet sich ein roter, geflügelter Drache in die Pflanze hinein und greift die entsetzte Frau in ihrem Lebensbaum an. Sie flieht nach oben in dünnes Geäst. Da schließt ein weißer Kreis, der unbeabsichtigt während des Malens entsteht, die Flüchtende ein. Hier hinein kann das Ungeheuer nicht vordringen; nur sein feuriger Atem durchbricht die Schutzgrenze (siehe 11/2016, S. 75).

Lange fragte ich in mich hinein, was sich in dem weißen Kreis befindet, d. h. , wer oder was bei mir ist in meiner Not. So entstanden weitere Bilder: Ist es vielleicht ein Engel oder die hilfreiche Muttergestalt aus der Höhle? Nein, meine Malversuche stimmten nicht.

Vier Monate später tauchte aus dem Unbewussten ein Motiv wieder auf, das ich aus früheren Bildern kannte und das nun viermal in geänderter Form in Erscheinung trat: der Weinstock im Dornbusch, ein Symbol für das Selbst und das Ich. (siehe S. 15 und 18 sowie „Individuation I", S. 266-269)

Nun sah ich: Es ist der Weinstock, der sich in dem bedrohten Lebensbaum ausbreitet, so wie er einst in den Dornbusch wuchs. Er umrankt dessen Stamm und seine Zweige, Blätter und Traubenbündel umschließen die im Baum hochsteigende Frau wie eine Schutzhülle.

Dankbar betrachtete ich das Gemalte: Christus als Weinstock im Lebensbaum des Ich! ER befindet sich zwischen der bedrängten Frau und dem angreifenden Drachen. Ein Gleichgewicht entsteht zwischen der Gefährdung von außen und der von innen geschenkten Kraft. Ich erkannte: Ich und Selbst durchdringen sich gegenseitig (3/2017, siehe S. 75).

Zwei Monate später, sah ich das Bild wieder an und wusste plötzlich: Der Weinstock, der um den Stamm des Lebensbaums aufwärts wächst, ist zu schwach dargestellt; er müsste kräftiger sein und den Raum ausfüllen. So begann ich noch einmal zu malen, wie er nun vor meinem inneren Auge erschien:

75

In der früheren Form des Dornbusches (S. 18) breitet sich nun eine starke Pflanze aus; dieser aber welkt und fällt in sich zusammen. Seine dünnen Ästchen hängen schlaff herab und wollen sich festhalten. Der Dornbusch vergeht – ich habe ihn sterbend gemalt.

Was ist aus dem roten Drachen geworden? Er hat sich in sich selbst zurückgezogen und vom Baum entfernt. Er kann ihm nicht mehr schaden. Gesund und heil steht dieser mit seinen reifen blauen Trauben da (5/2017, siehe S. 76). Offen bleibt für mich die Frage, worauf das Unbewusste in seiner Bildersprache verweist. Stirbt das Ich, während das Selbst sich entfaltet?

In diesem Zusammenhang erschien eine mir bekannte Gestalt wieder, der Karawanenführer, der mir im Prozess der Individuation den Weg durch die Wüste zeigte (vgl. „Individuation I", S. 283-292). Auch jetzt reitet er auf seinem Kamel zu der „goldenen Stadt". Vor ihm sitzt die „Frau im grünen Kleid" und sie hält einen Krug mit einer jungen Rebe im Schoß. Um diese Pflanze geht es: sie soll dort eingepflanzt werden. Die Frau, das Ich, hat sich wie einst dem Karawanenführer anvertraut. Er kennt das Ziel. Sie überlässt ihm, was geschehen soll. (6/2017, siehe Abb. rechts oben)

Mein letztes Bild (6/2017, S. 78) versucht wiederzugeben, was ich innen wahrnahm: die goldene Stadt, das „Himmlische Jerusalem" aus der Offenbarung des Johannes, „die Stätte Gottes bei den Menschen"(Offb. 21,3). Der junge Weinstock hat seinen Ort gefunden; er wird wachsen und grünen in einem Raum von Licht und Klarheit. Dem Bild hinzugefügt ist in einer Sprechblase ein Zitat Jesu, gesagt zu Marta in der Erzählung von der Auferweckung des Lazarus (Joh. 11). Hier könnte es vom Karawanenführer an seinen Schützling gerichtet sein: „Habe ich dir nicht gesagt: Wenn du glaubst, wirst du die Herrlichkeit Gottes sehen?" (Joh. 11,40)

Dieser Satz bezieht sich für mich zunächst auf die Erfahrung, wie wunderbar meine Lebenskrise seit Oktober 2016 verarbeitet ist, wie mir das Leben wiedergeschenkt wurde, die Zukunft unbelastet und offen ist. Darüber hinaus enthält er ein Versprechen. Wer die „Herrlichkeit Gottes" schaut,nimmt teil an seinem Geheimnis: Er ist der Schöpfer des Lebens und er erhält es über den Tod hinaus. Wer ihm glaubt, „der wird leben, auch wenn er stirbt". (Joh. 11, 25-26)

„Habe ich dir nicht gesagt: Wenn du glaubst,
wirst du die Herrlichkeit Gottes
sehen?"
(Joh. 11, 40)

VIII. Eine Vision: „Heiligenberg"

Nachdem mein fertiges Buch „Ende des Lebens" bereits als Probedruck vorliegt, bringen mich ein Traum und das dazu entstehende Bild zwei Tage später aus der Fassung.

Ich träume:

Ich bin umgezogen, stehe draußen vor dem Haus und treffe dort M. , eine ehemalige Schülerin. Sie will nach Heiligenberg, wohin auch ich zu einem Kurzurlaub wollte. Da kommt schon ihr Mann mit einem Möbelwagen. Sie wollen wohl dorthin umziehen. Mitfahren will ich nicht. Im Weggehen sehe ich, das ihm etwas aus der Tasche fällt. Ich hebe es auf, rufe ihn noch, aber er beachtet es nicht. Es ist eine Rolle Tesafilm, die ich dann mitnehme.

Im Haus besuchen mich drei neue Nachbarinnen. Während wir auf dem Balkon einen Begrüßungskaffee trinken, will ich eine Tablette einnehmen und suche nach einem Glas Wasser.

Dazu betrete ich die neuen Räume. Sie sind weit und lichtdurchflutet, noch nicht eingerichtet. Mein Geschirrschrank steht mitten im Zimmer. Ich öffne ihn, aber er ist noch leer. Nur einige wertvolle Antiquitäten sind hier schon deponiert. Da sehe ich, dass meine antike Nazca-Schale ein kreisrundes Loch hat und dort ein Häufchen zermahlene Keramik liegt.

Ein großes Spinnentier wird sichtbar, es hat das Gefäß durchbohrt. Es ist etwa 10 cm lang, spindelig mit Haken und Zacken: ein Skorpion.

Irgendwie kriege ich es aus dem Schrank heraus, es fällt auf den Fußboden. Damit es nicht wegläuft, werfe ich ein Tuch darüber. Es verhakelt sich, ich packe es mit zwei Fingern und werfe es aus dem Fenster. Draußen fällt es auf einen gepflasterten Weg und entfernt sich, torkelig sich bemühend, das Tuch abzustreifen, was an Spitzen seiner dünnen Glieder festhängt. „Beim nächsten Regen wird das Papiertuch aufweichen und abfallen", denke ich. Über einen abwärts führenden Stufenweg verschwindet das Tier. (14.09.2017)

Dieser Traum entwirft zwei Bildräume: meine neue Wohnung und „Heiligenberg".

In meinem schönen, hellen Wohnraum entdecke ich – auf der Suche nach einem Glas und Wasser für die Tablette – den Skorpion. Er ist dabei, die alte Indianerschale mit den Vogelbildern in Staub zu zerlegen. Ich werfe ihn hinaus, will ihn aber nicht verletzt wissen; d. h., ich akzeptiere ihn.

Der Skorpion ist eine Metapher für das Dunkle, Gefährliche, Zerstörerische. Er hat bereits die Keramikschale beschädigt, die ich als ein Bild für meine Person verstehe. (Ich bin ja auch nicht mehr „heil", muss eine Tablette einnehmen.) So ist der Skorpion für mich ein Symbol für den Tod.

M. und ihr Mann wollen nach „Heiligenberg" umziehen, wohin auch ich möchte. Sie ist als ehemalige Schülerin mir immer noch vertraut in ihrem Denken, Glauben und Handeln. Mit ihrem Mann bildet sie ein junges Paar mit jugendlicher Kraft, ein Bild der Ganzheit, das keinen „Klebstoff" nötig hat.

Sie wollen in „Heiligenberg" leben. Der Ort ist mein Kindheitsparadies, wo ich auch heute noch die Erfahrung von Harmonie, Schönheit und Glück mache. Die beiden stehen dort für Neuanfang und Entwicklung ins Leben hinein. So ist „Heiligenberg" für mich ein Symbol für das Selbst.

Ich versuche beide Traumbilder zusammenzubringen:

Während ich mich mit dem Tod auseinandersetze, erscheint der Ort meines Glücks, der Ganzheit, des Jungseins, wo das Wasser des Lebens sprudelt: Heiligenberg, „der heilige Berg", wo

- einst im ehemaligen Kloster Mönche Gott lobten und dienten;
- Mensch und Natur harmonisch miteinander leben;
- meine glücklichen Erinnerungen an Vater und Mutter zuhause sind
- und nun das junge Paar hingehören will.

Der Tod wird sich eines Tages nicht mehr aus meinen neuen, offenen Räumen vertreiben lassen, er wird die kostbare Keramikschale – meine Person – zerstören. Aber: „Heiligenberg" wird überdauern: Das Selbst wird das gewesene Ich in ein großes Ganzes integrieren.

Der Traum will mich trösten: das Selbst erscheint als Ziel. Es hat sich gezeigt und seinen Namen genannt: „der heilige Berg". Dorthin will es mich aufnehmen. Eine Kraft ist tätig, etwas Neues, Heiles entstehen zu lassen so wie einst das Glück in unserem Wunderland Heiligenberg.

Zwei Tage nach dem Traum möchte ich den „heiligen Berg" malen. Ich sehe ihn vor mir: eine braune Erhebung, auf der Christus thront im Licht. Plötzlich ist der Skorpion wieder da, groß, leuchtend rot, mitten im Bild, und zwar auf dem Schoß Christi.

Ich skizziere das Geschaute. Etwas fehlt noch. Müsste nicht in diesem Zusammenhang auch mein Ich irgendwo auftauchen? Zufällig fällt mein Blick auf ein Gemälde an meiner Zimmerwand: Chagalls „Erschaffung des Menschen". Ein Engel trägt behutsam den noch schlafenden Adam auf die Erde. Ja, diesen Menschen, der seiner selbst nicht bewusst ist, sollte ich in das Bild integrieren. Ich sehe ihn im Zustand seiner Geburt, seines Werdens. Wo findet er seinen Platz?

Ich zeichne ihn unter den Skorpion, gehalten von den Armen Christi. Nun male ich ihm sein Gewand; es ist grün. Grün? Es ist das grüne Kleid, das mein Ich in den früheren Bildern kennzeichnete. Ich habe mich selber dargestellt! Ich bin es, die mir das Unbewusste zeigte, in der Situation des Todes. Und ich erkenne: In dem Moment, in dem sich der Skorpion mit seinem giftigen Stachel auf den Menschen setzt und ihn tötet, geschieht dessen Neuerschaffung wie im Garten Eden. Der Weg führt durch den Tod ins Leben.

Nun vervollständigt sich das Bild:

Um den „heiligen Berg" wächst – nur angedeutet – der Lebensbaum. Er schließt Christus mit den Gestalten in seinen Armen ein. In hellem Gelb leuchtet der Raum um Christus mitten im blauen Schöpfungstag. (9/2017; siehe S. 81)

Solch einen hellen Kreis habe ich doch schon einmal gemalt?

Mir fallen meine Bilder vom Lebensbaum mit dem Drachen wieder ein, (11/2016, siehe S. 75) Ich wusste damals nicht, was sich in dem weißen Kreis befindet, bis das Motiv vom Weinstock auftauchte und mich lange beschäftigte. Nach dem letzten Bild zu diesem Thema (5/2017, siehe S. 76) stellte ich dort die Frage: „Stirbt das Ich, während das Selbst sich entfaltet?"

Mir scheint, das nun Geschaute und Gemalte gibt eine Antwort: Wenn das Ich stirbt, ist es nicht vorbei mit ihm. Es wird neu erschaffen wie einst Adam im Paradies; in meiner Sprache ausgedrückt, gehalten von Christus auf dem „heiligen Berg" mitten im Licht und im Lebensbaum.

IX. Einsicht in den Zusammenhang von Krankheit und Heilung

Als ich das letzte Bild (siehe S. 81) in mir fand, war ich zunächst an einem Ruhepunkt angekommen: Christus hat seinen Ort mitten in meinem Leben; Leben und Tod sind in seinen Armen geborgen.

Doch plötzlich fällt mir ein Zusammenhang auf:

Habe ich nicht jedesmal, wenn mir auch nicht immer bewusst, vor einem wichtigen Ereignis in den letzten Jahren einen solchen markanten Traum gehabt, der mich hinweisen wollte auf das kommende Geschehen?

Ich denke an Roberts Tod und den Traum mit dem Verweis in der Zeitung (10.10. und 16.10.2010; siehe S. 37/38); an den Traum aus dem Totenreich und die erste Lungenembolie (06.05. und 24.05.2013; siehe S. 45); an den Traum vom Riensberger Friedhof und den Befund bei der Kontrolluntersuchung (22. und 23.08.2016; siehe S. 69).

Auch dieser Traum von der zerstörenden Tätigkeit des Skorpions enthält eine böse Vorausdeutung: das CT ein Jahr nach der Operation (vom 05.10. 2017) zeigt, dass sich Metastasen in der Lunge gebildet haben. Ich höre von meinem Arzt, meine Lebenszeit könne noch drei bis sechs Monate dauern; meine frühere Ärztin fordert mich auf, eine Tasche mit Sachen für die Palliativstation bereitzustellen.

Ich regele meinen Haushalt, verteile alle Schätze an Geschwister und Freunde, verfasse mit dem Rechtsanwalt ein Ergänzungstestament. Mein unaufgeregtes Tun verursacht Bewunderung in meiner Umgebung. Das nun gemalte Bild aber zeigt, wie es in mir aussieht.

Ich nenne es „Totentanz" (18.-27.10.2017; siehe S. 84) in Analogie zu mittelalterlichen Darstellungen an Kirchenwänden. Der Skorpion - leuchtend rot und in Menschengröße - hat die „Frau im grünen Kleid" mit seiner Zange gepackt und zerrt sie tanzend in den schwarzen Raum hinter sich.

Es ist das Grab, erkenne ich. Das hilflose Ich wendet sich voll Entsetzen ab, die rechte Hand vor die Augen gepresst, um nicht zu sehen, wie es aus seiner bunten Welt, die es mit Blumen und Vögeln umgibt, fortgerissen wird.

Noch ist meine Malerei nicht fertig. Das Unbewusste beginnt, die unglückliche Frau zu trösten: Eine Weinpflanze, deren linke Seite hinter ihrem Lebensraum nicht sichtbar ist, überwächst mit Blättern und Trauben das schwarze Rechteck. Zwischen Tod und Grab wird der Weinstock, das Christussymbol, wahrnehmbar. Doch etwas fehlt noch.

Tage später sehe ich, dass von rechts die Sonne mit großen Flügeln die Todeszone umarmt, d. h., schützt, erwärmt, erhellt. Ich denke: „Unter dem Schatten deiner Flügel" (Psalm 57,2) erlebe ich meine Not und Bedrängnis. Aber getröstet bin ich nicht.

Kurz darauf male ich das „Ich am Meer" (02.11.17; siehe S. 85). Es schaut in die vom Sonnenuntergang noch leuchtende Ferne, in die fünf Schwäne hineinfliegen. Es reckt sich zu ihnen hin und ruft: „Nehmt mich mit!" Ich verstehe meine Situation: Sehnsucht nach Transzendenz, Befreitsein, Loslassendürfen.

Nicht lange währt meine Flucht aus der gegenwärtigen Realität. Deutlich höre ich den inneren Ruf: „Dreh' dich um!" Ich bin jetzt bereit, meine Realität auszuhalten. Nun erkenne ich, was mich krank gemacht hat. Ich blicke zurück. Es waren die unerträglichen Nachrichten aus Syrien und dem Irak 2014/15, die Reportagen über die Zerstörungen durch Krieg und Fanatismus, über die Verbrechen „im Namen Gottes". Diese Bilder des Grauens sind nicht spurlos an mir vorbeigegangen. Meine Lebenskraft ließ nach; ohnmächtig, müde und alt geworden, wurde ich zum Zuschauer von Mord und Vertreibung.

Mit der Metapher „die schwarze Sonne" (vgl. S. 54, 60, 65) formulierte ich damals einige Gedichte, um mir die Qual von der Seele zu schreiben. Die „schwarze Sonne" ist ein Bild des Todes. Sie steht für das Auslöschen von Licht, Wärme und Leben. Drei Gedichte dieser Zeit füge ich an: „Psalm" I und II (6/2014) sowie „Gegenwart" (2/2015).

Psalm I

Schwarze Sonne über uns.
In der Kehle
der Schrei
bei den Nachrichten des Tages.

Einst sahen Maler in den geöffneten Himmel.
Engel sangen zur Ehre Gottes
und lächelten herab
auf die atmende Erde.

Werde durchsichtig, schwarze Sonne,
für das Land jenseits der Ferne,
dass sein Schimmer sich spiegelt
in der verstörten Welt!

Im Glanz von oben
findet auch sie
ihre Schönheit zurück.

Psalm II

„Es ist genug" –

Trümmer stürzen durchs Fenster herein,
Detonationen hallen im Haus,
Schreie durchschlagen die Stille.
Flüchtlinge, gehetzt, vor der Tür.
Die Wände sind löchrig,
durchlässig ist die Haut.

„Es ist genug" –
Lass' mir ein Stückchen Raum,
dass meine blaue Bank hineinpasst,
die Rosenhecke, der Holunderbusch
und die Amsel, wenn sie am Abend singt.

Hinter mir spiegeln die Fenster,
sie halten die Sonne fest,
die über mich hinzieht im fernen Blau;
die Linden blühen
und das Tauberpaar gurrt wie immer.
Sommer in der Luft,
Wärme und Licht.

Und plötzlich redet der Engel.

Anm. Die Zitate beziehen sich auf die Erzählung
„Elia am Horeb" (1. Könige 19, 4-5)

Gegenwart

Nur der Himmel bleibt
mit Wolkentürmen, blauen Tiefen –
Rückzug –
die Wendeltreppe hinauf, hinunter –
schwarze Stille

Zerstört das Land,
zerstückelt von Grenzen,
in Kerkern das Leben.
Nun herrschen Fratzen und Nagelschuhe,
Gewalt vermummt sich
und tötet –
die Kamera läuft.

Ohnmacht schleicht lautlos –
Klagen suchen Asyl.

Die Bilder des Zynismus und der Grausamkeit vom Kriegsschauplatz riefen ein bedrückendes Thema meiner Jugend wieder hervor: noch einmal ein „Auschwitz", unerträglich (vgl. Individuation I, Kap. IV).

Mit der Metapher Paul Celans: „Todesfuge" formulierte ich meine Erfahrung aus jener Zeit: Sprachlosigkeit, das Ausblenden des Themas in der Generation der Eltern und Lehrer, mein Rückzug in die Depression. (Anm. 7)(3/2014)

„Todesfuge" - mit dem Albtraum allein

„Todesfuge" – mit dem Albtraum allein.
Mauern ringsum.
Zwischen den Steinen
wuchert die Klage,
bei jedem Regenguss grünt sie auf,
Brennnesseln gleich.

„Meide den Ort,
Grenzzäune, Gräber!
Spring auf das Karussell
mit blinkenden Lichtern und schallender Musik
im Zentrum der Stadt;
sing' fröhlich mit!"

Mauern ringsum.
Ich stolp're über die Steine,
verwundet, verstummt,
vertrieben in Katakomben. –
Siehe: dort unten das Zeichen der Hoffnung
einst an die Wände gemalt.

Ließ ich mich erdrücken vom Gewicht der „schwarzen Sonne"? Taucht darum jetzt im Bild vom „Totentanz" (siehe S. 84) ein Gegenbild auf: die „geflügelte Sonne" als wärmende, schützende Kraft über dem Grab?

Zwei weitere Bilder entstanden. Ich nahm schon bearbeitete Motive wieder auf (von S. 21: 11/2008 und von S. 81: 9/2017): die Situation im „Klostergarten" (16.-18.11.2017) sowie „Heiligenberg" (19.11.17) (siehe S. 90 und 91). Wieder ist das Ich unter den Arkaden im Kreuzgang und die mythische Gestalt des Alten Weisen steht neben dem goldenen Baum, den er gepflanzt und beschützt hat. Er sieht fragend zu der Frau hin; sie blickt nicht auf. Sie hält die „schwarze Sonne" in ihren Armen und weint vor sich hin.

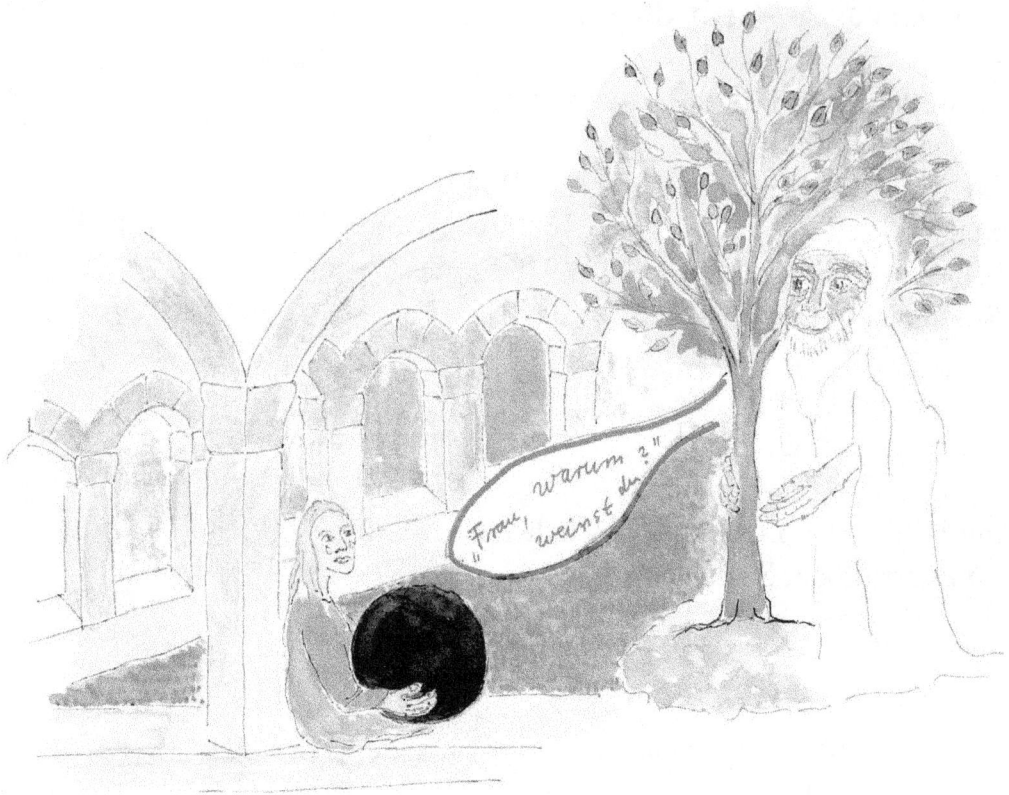

Da stellt er die Frage: „Frau, warum weinst du?" Er ist betroffen von ihrer Trauer, möchte deren Hintergrund erfahren. Er stellt die Frage, nach der ich mich lebenslang vergeblich gesehnt habe, nimmt Anteil an meiner Not. Es ist die Frage vom Ostermorgen, die der Auferstandene an Maria von Magdala stellt, als sie das Grab Jesu leer vorfindet und nach dem Toten sucht.

Sie ist die erste Zeugin der Auferstehung. Sie erkennt den Verlorengeglaubten daran, wie er ihren Namen ausspricht. Sie hört den Geliebten, so fremd er ihr erscheint. Diese Szene intimer Nähe ist unter dem Titel „Noli me tangere" vielfach in bedeutenden Gemälden festgehalten worden.

In mir taucht eine Erinnerung an solche Vertrautheit aus meiner Kinderzeit auf: Es war der Heilige Abend 1947, als ich mit meinem Vater aus dem Gottesdienst heimgehe voll Vorfreude auf das Fest zuhause. Ich schiebe meine rechte Hand in Vaters linke; er hält sie fest; und noch heute spüre ich die Wärme und Geborgenheit dieses Augenblicks.

Der Alte Weise in meinem Bild stellt die Frage Christi und verweist so auf das vor kurzem gefundene Bild von Christus auf dem „Heiligen Berg". (S. 81)

Da erkenne ich: Christus ist es, der die „schwarze Sonne" zu tragen imstande ist; er hat die Kompetenz und die Kraft dazu. Er weiß, was „Tod" bedeutet. Bei ihm kann ich die „schwarze Sonne" abladen. Ich muss sie gar nicht tragen, muss nicht Gottes Probleme lösen wollen, nur tun, was meinen Kräften entspricht.

So male ich eine Christusgestalt auf dem „Heiligen Berg", die „schwarze Sonne" im Schoß. Er ist umgeben von Zeitungsausschnitten gequälter Menschen, deren Schicksal mir nahegeht: sie sind gezeichnet von Hunger, zu schwerer Arbeit, Perspektivlosigkeit. Die Fotos der Collage übernehme ich aus Informationsschriften der Hilfsorganisation „Terre des hommes", in der ich mich seit Jahren engagiere.

Ich sehe mich auch in meinem Bild, nun als das kleine Mädchen vom Heiligen Abend 1947, an das Gewand Christi geschmiegt, geborgen wie einst beim Vater.

Die Last, die mich niederdrückte und krank machte, ist abgegeben; ich erlebe mich als befreit . Mir fällt auf, dass ich unbewusst das Rot des Skorpions (S. 84) im Kreuz des Nimbus Christi wieder aufnahm, d. h., ich brachte zum Ausdruck, dass ER den Tod kennt, dass der Tod zu ihm gehört. Er musste ihn ertragen, ist aber in Wahrheit nicht an ihm zugrunde gegangen, sondern hat ihn entmachtet. Ich malte den Skorpion ja unbewusst in seinen Armen (S. 81).

Dieses letzte Bild hatte für mich eine wunderbare emotionale Wirkung. Seit ich es fertigstellte und seinen Inhalt begriff, spielt die böse Diagnose für mich keine Rolle mehr. Ich habe den Bereich von Sterben und Tod verlassen. Noch muss ich nicht Abschied nehmen. Mein Leben ist mir wiedergeschenkt worden. Es liegt in Gottes Hand. Ich denke an das Psalmwort (Ps. 27,1):

> *Der HERR ist mein Licht und mein Heil,*
> *vor wem sollte ich mich fürchten?*
> *Der HERR ist meines Lebens Kraft,*
> *wovor sollte mir grauen?*

Im Rückblick denke ich darüber nach, was den Heilprozessen gemeinsam war, die mich 2013 und 2017 aus der Nähe zum Tod retteten. (vgl. Kapitel V und IX). Inwiefern führten ein paar von mir gemalte Bilder dazu, dass ich das Leben wiedergewinnen konnte? Wenn ich sie betrachte, sehe ich, dass sie meine psychische Entwicklung fixierten, Wandlungen sichtbar machten: von der Isolierung des Ich zu neuer Geborgenheit. Das seelische Wohlbefinden zog dann das körperliche nach sich.

Ich versuche, den Entwicklungsweg zu verstehen:

Zunächst konstellierte das Unbewusste eine archetypische Gestalt: die Große Mutter bzw. den Alten Weisen. Beide traten hilfreich an das verstörte Ich heran: Die Alte schenkte ihm Wärme, Schutz, Geborgenheit in ihrer Höhle; der Weise hatte Mitgefühl und fragte nach dem Grund der Traurigkeit.

Nun assoziierte ich eine Erinnerung aus frühen Kindertagen: mein Glücklichsein beim Spiel im Frühling in dem vertrauten Wiesengrund nach dem harten Winter 1946 bzw. in der Nähe zum Vater nach dessen langer Abwesenheit am Weihnachtsabend 1947. Ich erlebte erfüllte Gegenwart, eine heile Welt.

In diesem Glücksraum von einst wurden nun die archetypischen Personen in gewandelter Form erfahrbar: die Erdmutter als Mutter Natur mit ihrem Reichtum und ihren Heilkräften; der Alte Weise als der barmherzige Christus auf dem „Heiligen Berg", ein Helfer für Menschen in Not. Beide verwiesen darauf, dass das Ich einbezogen ist in einen größeren Zusammenhang, der das Ganzsein, Heilsein des Lebens will. Bei ihnen konnte es seine Beschwerden loslassen und sich ihrer Fürsorge bzw. Leitung anvertrauen.

Die Große Mutter und der Alte Weise zeigten den Weg aus dem Tod hinaus: aus dem Baumstamm (dem Sarg) und aus dem schwarzen Grab, das sich hinter dem tanzenden Skorpion auftat. Sie schenkten der Frau 2013 eine Wiedergeburt aus der dunklen Höhle in die sonnige Landschaft und dann 2017 eine Auferstehung in den Ostermorgen hinein.

Dankbar wende ich mich einer offenen Zukunft zu.

Nun bestätigt ein Traum mein Befinden. Er signalisiert mir, dass ich nicht im Raum der „schwarzen Sonne" zugrunde gehe, sondern aus ihm fortgehen kann zu einer mir möglichen Aufgabe hin. Was ich so poetisch formulierte, bringt er unbeschönigt zum Ausdruck: Er zeigt mir eine Kloake unter meinen Füßen, von der mich nur ein dünner Holzboden trennt.

Als es mir gelingt zu verstehen, dass das Traumbild mein Grauen beim Anblick der Verwüstungen durch die Tsunami-Katastrophe 2004/05 meint, nehme ich die Mitteilung aus dem Unbewussten wahr.

Ich träume:

Ich soll eine Informationsveranstaltung vor Schülern und Kollegen abhalten, laufe vorher noch schnell zu einer Toilette in der Nähe. Ich finde ein Plumpsklo vor wie einst in meiner Dorfgrundschule in der Nachkriegszeit. Ich blicke hinein. Entsetzt erkenne ich: Ich befinde mich ja über Bergen von Unrat! Sie dehnen sich unterhalb des Hauses bis zur Straße hin! Wenn ich nun hineinstürze?! Ich fliehe.

Konzentriert suche ich den Rückweg, schaue dabei die Altstadthäuser genau an: Bin ich eben auch hier vorbeigekommen? Nun erreiche ich die Schule und will sogleich mit dem Vortrag beginnen.
Vor den wartenden Kollegen stehen schöne, saftige Tortenstücke.
(21.01.2018)

Ich ordne mein Referat einer Informationsveranstaltung zu, die ich im Rahmen einer Spendensammlung für die Tsunami-Opfer 2005 in der Schule einer hiesigen Kleinstadt durchführte. Heute erinnere ich mich daran, dass sich der Terre des hommes-Koordinator beim Aufbau von Hilfsprojekten in dem verseuchten Katastrophengebiet von Aceh/Sumatra infizierte und kurz darauf starb.

Der Traum zeigt mir, dass sein Schicksal nicht meines sein wird. Ich finde den Weg aus dem Bereich von Zerstörung und Tod zurück. Meine Betroffenheit vom Leid der Opfer kann ich in Hilfsbereitschaft wandeln, ich kann das mir Mögliche tun.

Ich habe die Wirkung der „schwarzen Sonne" kennengelernt, die Möglichkeit zu sterben war nahegerückt, aber ich habe mich nicht aufgegeben.

Nun drängt sich mitten in der Nacht ein neues Bild in mein Bewusstsein: das göttliche Kind. Ich sehe es vor dem Alten Weisen stehen, jugendlich, rein und wach. Beide befinden sich in dem Lebensbaum, der die Reihe meiner Baumbilder abschloss (siehe S. 22).

Der damals in den Baum eindringende Drache ist verschwunden. Die „Frau im grünen Kleid", das Ich, tanzt (wie im Bild auf S. 116) entspannt und heiter zwischen beiden Bildräumen. Sie berührt die symbolischen Gestalten im Lebensbaum und ist doch angesiedelt draußen außerhalb des Rahmens.

Ihre Bewegung kommt von links und wendet sich nach rechts, d.h. ins Leben hinein. So nimmt sie teil an beiden Welten, innen und außen. Sie hat den Schrecken überwunden, der mit der gefährlichen Erkrankung in ihr Leben trat. Der Archetyp des göttlichen Kindes in ihrer Mitte verweist auf den Neuanfang in einer Welt, die in ihrem Sosein angenommen, ausgehalten und nun auch mit Freude erfüllt ist. (25./26.01.2018; siehe S. 95) Dieses letzte Bild verwandelt den „Totentanz" (siehe S. 84) zu einem Tanz ins Leben hinein. Das Ich hat sein Gleichgewicht und seine Zuversicht wiedergefunden.

Psalm

„Lobe den Herrn, meine Seele,
und vergiss nicht,
was er dir Gutes getan hat."

Aus der Asche rief ich, Herr, zu dir,
verloren im Staubwald.
In dürrem Reisig
vertrocknete Erbsen
gesammelt, gepflanzt –
und siehe: sie keimen!

Aus der Tiefe rief ich, Herr, zu dir
in bodenloser Finsternis.
Das Lied des Orpheus
zeigte den Weg
zwischen den Schatten –
hinaus in den Morgen.

Aus der Höhe rief ich, Herr, zu dir,
in Wolken gefangen .
Das Wasser des Lebens
stürzte und stäubte
zurück ins Licht –
Tropfen in hohler Hand.

Im Glanz Gottes das weite Land;
Sonnenfäden
geflochten ins Gewebe der Natur.
Grund unter den Füßen –
und in den Armen den Schatz.

„Lobe den Herrn, meine Seele,
und vergiss nicht,
was er dir Gutes getan hat.   (Ps.103,2)

X. Unterwegs zum Ziel

Ein wunderbares Frühjahr beginnt:
Ich breche in ein wiedergeschenktes Leben auf, in eine noch einmal mögliche Zukunft. Eine große Dankbarkeit erfüllt mich. Sie äußert sich in zwei Gedichten im Februar 2018: „Psalm" und „Die Bernsteinsonne" (siehe S. 96 und 98). Ja, ich stehe auf festem Land, habe „Grund unter den Füßen" und den „Schatz" gefunden, das innere Wissen, was mein Leben trägt und erhält. Und ich erlebe: „Heute und hier / flutet goldener Glanz / weit in das Land der Zukunft." (S. 96/98)

So bin ich heiter, glücklich, offen für das, was noch kommen will. Jeder Tag ist in Sonnenschein getaucht, in eine hier in Norddeutschland ungewohnte Lichtfülle. Mein achtzigster Geburtstag wird ein harmonisches Fest zusammen mit Freunden in meinem Paradies „Heiligenberg". Es spiegelt sich im dritten Gedieht „Neuland", das ich anfüge (siehe S. 99). Ich fühle mich „am Ende des Lebens" „mitten im Leben". (S. 99)

Das Kontroll-CT aber bringt Bestürzung, Ernüchterung, meine Stimmung verdunkelt sich. Die Metastasen wachsen und mein Arzt wiederholt seinen Rat, eine Chemotherapie durchzuführen. Nun lasse ich mich darauf ein und damit auch auf die belastenden Nebenwirkungen, die mich erwarten.

Wenn ich doch wieder malen könnte, wenn das Unbewusste mich auch dieses Mal leitete, den neuen Erfahrungen zu begegnen, mit ihnen fertig zu werden..!

Nun tauchen Bilder in meinem Inneren auf, die meine Befindlichkeit zum Ausdruck bringen und gleichzeitig einen Ausweg aus meiner Not und Bedrängnis aufzeigen.

Ich finde das Ich wieder, wie es dasteht in einer Wüstenlandschaft; sein langer Lebensweg schlängelt sich, weiß markiert, durch ein nicht endendes gelbes Dünenland. Es ist erschöpft, die Schuhe sind ausgetreten, der Rucksack wird auf dem steinigen Pfad hinterher gezogen. Es steht ratlos da, doch plötzlich nimmt es etwas wahr und weiß nicht, was.

Die Bernsteinsonne

Die Bernsteinsonne
nach dem Sturm
aus dunkler Tiefe
ans Ufer gespült
zu meinen Füßen im Sand.

Ich werfe sie empor
zu ihrer Reise durch den Tag.

Im Morgendunst eine blasse Scheibe,
fernes Licht,
wiedergekommen
für mich
aus der Mitternacht.

Raureif im Rückzug,
durchsichtig schimmern
Wald und Flur.

Bernsteinsonne,
warmes Leuchten
bewahrt im Stein
seit Jahrmillionen.

Heute und hier
flutet goldener Glanz
weit in das Land der Zukunft.

Neuland

Angekommen
in Heiligenberg.
Wiedergefunden auf Wegen von einst
im Schimmer der Wiesen
die Nähe der Erde.
Sie trägt mich,
barfuß im Gras,
Fliegengesumm,
Buchfinkenschlag.

Im Mühlenteich
steigt Dunkles empor,
die Nacht vieler Jahre,
eine Insel im gleitenden Wasser.
Silbern spiegelt das Ufer,
zur Umarmung bereit.
Schwarzes zerfließt.

Neuland –
damals und jetzt.
Am Ende des Lebens
angekommen
bei den Apfelbäumen der Streuobstwiese
mitten im Leben.
Komm,
pflücke den Apfel
mit mir!

Im Flimmern der heißen Luft spürt es: „Da war doch was? – was war da?"
Es fühlt sich angesprochen, angerührt – wie Elia in der Wüste (1. Kön. 19).
Ich male gelb-weiße Flügel, ein angedeutetes Gesicht, ein verwehendes blaues
Gewand: einen Engel – und in einer Sprechblase füge ich hinzu: „Fürchte
dich nicht – siehe – ich bin bei dir alle Tage. "(Matth. 28,20;) („Das Ich in
der Wüste" 17./18.7.2018; siehe oben)

Meine Situation ist ins Bild gebracht, auf Hilfe wird verwiesen. Da
bringt ein Traum eine bisher nur erwähnte archetypische Gestalt in mein
Bewusstsein, das „göttliche Kind":

*Ein Kind ist im Raum, etwa sieben Jahre alt, mit hellem lockigem Haar,
anmutig, gesund. Es wendet sich mir zu und umarmt mich. Ich fühle, wie
seine Kraft auf mich übergeht, mich ganz durchdringt. Es weiß, wo es lang
geht. (22.7.2018)*

Dieses Kind strahlt das Leben aus, das neu beginnen will. Ich spüre im Traum, wie seine Stärke sich auf mich überträgt. Ich wache auf und fühle mich in der Lage, dem Stress der kommenden Zeit nicht auszuweichen.

Jetzt wird meine Angst, mein Überlebenskampf sichtbar.

Ich male „Das Ich über dem Abgrund" (3./4.8.2018, siehe oben). Wie soll es hinüber gelangen? Nur ein Seil ist gespannt zwischen zwei schwarzen Felswänden. Es führt über die dunkle Tiefe. Verliert die Frau ihr Gleichgewicht, stürzt sie in den Tod. Entsetzt und verkrampft lässt sie sich auf den gefährlichen Weg ein, denn sie wird geführt. Ein kleiner Junge ist da, der ihre Schrecken versteht und ruhig, sanft, ermutigend zum Ausdruck bringt, dass sie diesen Weg heil zuende gehen und den tragenden Grund erreichen wird.

Nun möchte ich noch die Sonne in dieser Felsenlandschaft finden. Ich deute sie an, aber das nächste Bild ist schon da: „Die Sonnenstadt" (5./6. 8. 2018). Die Sonne „wohnt" in ihrer Stadt, dem „Himmlischen Jerusalem". Ich

male es mit seinen Mauern und zwölf Toren als Achteck. Christus hält sie in seinen Händen. (siehe oben)

Sie befindet sich mitten im Hochgebirge, in einer ursprünglichen, unberührten und kraftvollen Zone. Vor dem Gebirge breitet sich die Wüste aus, ausgedörrt und heiß, die das Ich durchwanderte. In ihr liegt ein schwarzer See, und die Sonne spiegelt sich in ihm. Ich denke: „Das Licht scheint in der Finsternis." (Joh. 1,5) Wie aber kann ich konkret erleben, was das heißt?

Mein Bild ist noch nicht fertig.

Am nächsten Tag sehe ich, dass das Gewand Christi in der „Sonnenstadt" viel zu kurz gemalt ist, denn es liegt über dem ganzen Land, d. h. über der Wüste und dem See. Sein „Gewand" ist – in dieser Bildersprache – die Welt, in der wir leben. Nun sehe ich den Saum seines Gewandes und male ihn leuchtend rot.

Da fällt mir eine biblische Erzählung ein: „Die Heilung der blutflüssigen Frau und die Auferweckung der Tochter des Jairus" (Mk 5,21-43). Dieses Thema beschäftigt mich auch in den folgenden beiden Bildern.

102

Auf dem Weg zu der tot geglaubten Tochter des Synagogenvorstehers gerät Jesus in ein Menschengedränge und fühlt, dass ihn jemand hilfesuchend berührte. Eine seit langem kranke Frau hatte all ihre Hoffnung auf Genesung auf Jesus gerichtet, denn sie glaubte, schon die Berührung seines Gewandes könne sie heilen. Voll Angst und Scham wirft sich die Frau ihm zu Füßen. Beide, die Frau und das Kind, werden durch seine Ansprache geheilt.

Ich assoziiere ein Psalmwort (113,5-7):
„Wer ist wie der Herr, unser Gott,
im Himmel und auf Erden?...
der den Geringen aufrichtet aus dem Staube ..."

Nun male ich in das noch nicht fertige Bild das Ich, das gekrümmt und gequält seine Tränen mit dem Saum des Gewandes trocknet; und in dem folgenden Bild, wie Jesus in einer dunklen Höhle die zusammengesunkene

Frau „aus dem Staub" aufrichtet. Plötzlich tritt auch das wiederbelebte Kind der biblischen Szene zu ihnen. („In der Höhle", 12.8.18, siehe S. 103)

Dieses Kind ist nun ein kleines Mädchen in einem rosa Kleid. Es ist nicht der Archetyp des „göttlichen Kindes", das die Frau über den Abgrund führte. Unbewusst hatte ich die Kleidung dieses Jungen in den Farben gemalt, die ich auch für das Gewand Christi gebrauchte.

Er tritt noch einmal im Traum zu mir:

Ich bin auf einem Fest der hiesigen Gemeinde. Ehrenamtlich Tätige sollen heute geehrt werden. Sie bekommen Rosen geschenkt, die in Eimern vor der Kirche zur Verfügung stehen. Ein kleiner Junge kommt zu mir, den ich für ein Nachbarskind halte, und reicht mir strahlend eine große dunkelrosa Rose, frisch mit Wasserperlen bedeckt. Er freut sich sehr, dass er diese prächtige Rose für mich bekommen hat. Ich setze mich mit ihm und seinem Vater in eine Kirchenbank und überlege, ob ich beide nach dem Gottesdienst zu mir nach Hause einlade. (8.8.2018)

Dieses Kind will nicht, dass ich „im Staub" verharre, es will mich und meine bisherige Arbeit würdigen; es zeigt, dass es mich schätzt.

Die Tochter des Jairus aber, die neben die „blutflüssige" Frau getreten war, wird nun aktiv, von ihr geht im nächsten Bild eine rettende Handlung aus. Vor der ersten Chemotherapie träume ich:

Ich gehe in einer Prozession vieler Pilger durch den Mittelgang eines Domes nach vorne auf ein strahlendes mittelalterliches Kirchenfenster zu. Ich bin in der ersten Reihe. Wo die Bankreihen aufhören, bleiben wir stehen. Das Fenster erscheint nun in die Ferne gerückt. Ich kann keinen Schritt weiter vorwärts gehen. Der Boden der Vierung ist dunkel und abgründig, ich könnte durch ihn hindurch in die Tiefe sinken.
Ich trete zur Seite und gehe zwischen den Wartenden hindurch zurück.
(14.8.2018)

Die Fensterrose ist unerreichbar. Sie ist ein Bild vollkommener Schönheit, Symbol der Transzendenz, Ziel der Sehnsucht der Pilger, zu denen ich gehöre.

Aber das Ziel ist weit fort gerückt. Denn davor ist eine dunkle Zone, vor der ich zurückweiche. Ich könnte versinken in die Krypta, die unter der Vierung sein müsste, d. h. in den Raum der Toten.

Ein weiteres Bild entsteht: „Vor dem Kirchenfenster." (14.-16.8.2018). Ich male es bunt und leuchtend im Licht. Das kleine Mädchen hat es entdeckt und es führt die angstvolle Frau aus der dunklen Höhle der Depression zu dem strahlenden Fenster aus dem Traum. Das Ich folgt abwehrend dem drängenden Kind in den Kirchenraum hinein. Die Apsis ist hell, Sonnenstrahlen durchbrechen das farbige Glas, das sich in bunten Kreisen auf den Steinplatten des Fußbodens spiegelt. Beide können sie betreten. So zieht das Kind die sich zurückstemmende Frau in das Licht auf festen Grund. Hier lässt sie ihren Rucksack, d. h. ihre Beschwerden, fallen. Sie sieht und spürt den Glanz des Raumes. Sie kann sich verlassen, worauf das Kind verweist: der Boden trägt.

Wer ist das kleine Mädchen, das zunächst als Tochter des Jairus vom Unbewussten herbeigerufen wurde? Das zum Leben wiedererweckte Kind aus dem Markus-Evangelium verwandelt sich in ein Kinderbild von mir, in das kleine Mädchen von zehn bis zwölf Jahren, das ich einmal war. Seine jungen, unverbrauchten Kräfte werden wieder erfahrbar und stellen sich dem Ich zur Verfügung.

Nun beschäftigt mich dieses kleine Mädchen, dessen ungebrochenes Vertrauen in das Leben mir wiedergeschenkt wurde. Ich sehe es in seinem Glücksraum. Es ist der Heiligenberger Wald aus den Jahren 1949-1952, das Ziel von Spaziergängen und Radtouren mit der Familie. Wir waren dort im Einklang mit der Welt, Entdecker geheimnisvoller Wege, lernten Pflanzen und Tiere der Heimat kennen. Ja, einmal auf einer Wanderung im Herbstwald sah ich zusammen mit dem Vater dreizehn Eichhörnchen in allen Farben, wie sie auf dem Boden, an Baumstämmen, in Wipfeln herumtollten. Ein glückerfüllter Tag, unvergessen ein Leben lang.

Diesen Glücksraum rufe ich in Erinnerung im Bild vom „Heiligenberger Wald" (23./24.8.2018). Das kleine Mädchen von einst sitzt angelehnt an

einen mächtigen Baum unter dem Schutzdach seiner Zweige mit goldenen Blättern und es lauscht auf das Lied einer Amsel, die oben im Geäst singt.

Es taucht ein in eine träumerische Stimmung, ja, es richtet sich ein in dieser von Glück erfüllten Welt, in die es sich zurückziehen kann aus der Not des Alltags in der Nachkriegszeit.

Am nächsten Tag ergänzt das Unbewusste meine Malerei: der Alte Weise ist da und er schiebt das Ich von heute in die Szene, damit es Anteil nehmen kann am Wohlbefinden von einst.

Inzwischen habe ich für mich diesen Kindheitsort wiedergefunden. Das Forsthaus Heiligenberg zwischen Wäldern und Wiesen mit seiner freundlichen Gastlichkeit ist heute mein Refugium (siehe: „Neuland" S. 99).

Nun male ich „Mein Haus in Heiligenberg" (25.-29.8.2018). Es befindet sich unter den Zweigen des goldenen Baumes, der einst von dem Alten Weisen in seinem Klostergarten für mich gepflanzt wurde (vgl. S. 21 und S. 90). Er ist nun ein mächtiger Lebensbaum geworden und ich hätte ihn nicht erkannt, hätte mich der Alte Weise nicht auf ihn aufmerksam gemacht. Das

Haus ist fest gemauert, sein Fenster erleuchtet. Vor ihm sitzt auf der blauen Bank (vgl. Gedicht S. 87, Zeile 11) das Ich und genießt die Stille, während die Amsel singt. Die rosa Farbe aus der Kinderzeit taucht in seinem Kissen und in den Schuhen wieder auf: die Erinnerungen machen die Gegenwart leichter, heiterer. Das Ich ist in seiner Mitte angekommen: Es ist bei sich.

Es ist nicht allein: Christus – nur angedeutet – reicht dem Ich sein Geschenk. Es ist die goldene Sonne.

Die „schwarze Sonne" – ein Bild für Tod und Zerstörung weltweit – kannte das Ich wohl (vgl. S. 85-92); sie wahrnehmen zu müssen, ohne die Verhältnisse ändern zu können, hatte das Ich krank gemacht. Es konnte die „schwarze Sonne" abgeben an den, auf dessen Hilfe es hoffte (vgl. S. 91), und hatte die Entlastung dankbar erlebt.

Nun erhält das Ich, was es brauchte, was ihm fehlte, die „goldene Sonne" – Symbol für Licht, Wärme und Leben. Ich sinne darüber nach, was dieses Geschenk bedeuten könnte.

Ein neues Bild entsteht. Ich nenne es: „Am Ziel oder das neue Leben" (2.-5.9.2018). Das Haus unter den goldenen Zweigen mit dem erleuchteten Fenster ist wieder da. Dort findet eine weitere Begegnung statt: Das Ich mit der goldenen Kugel im Schoß wendet sich am geöffneten Fenster einem Kind von zwei bis drei Jahren zu, das aus dem Innenraum herausschaut, und umfasst mit seiner Rechten dessen kleine Hand. Es ist das „göttliche Kind", ich erkenne es an seiner türkisblauen Kleidung!

Das Ich ist in seiner Welt, aus der es einst hinausgezerrt werden sollte (vgl. S. 84). Nun sitzen Vögel und Eichhörnchen um das Fenster herum, sie umschließen es und gehören zu dem harmonischen Raum, den ein roter Rahmen umgibt. Der Kreis wiederum befindet sich in der Mitte eines Lebensbaumes an einem blauen Schöpfungstag.

Mitten in meinem Haus in Heiligenberg treffe ich das „göttliche Kind" an, „das wichtigste, archetypische Symbol des werdenden, über die Gegenwart hinausreichenden Lebens". (Anm. 8) Es scheint der „Repräsentant der Kraft des Selbst" zu sein, die das Unbewusste in einer Krise dem Menschen zur Verfügung stellt, damit er „den Weg der Erneuerung zu seinem nächsten Lebensabschnitt gehen kann" (Anm. 8).

Ich habe es kennengelernt in großer Not, als es mich anleitete, über den Abgrund zu gehen. Es übertrug in Träumen (22.7./8.8.) seine jugendliche Energie auf mich.

Es zeigte sich dann in der Tochter des Jairus, die wieder zum Leben erweckt werden musste und in der mir das Kind gegenübertrat, das ich einmal war. Seine Aktivität überwandt meine Ängste, seine träumerische Sehnsucht meine Verkrampfung, es öffnete mir den Zugang zum Stillwerden, ich bin im Einklang mit dem, was ist.

Zum Vergleich ziehe ich ein früheres Bild heran: „Christus und der Skorpion" (9/2017; S.81). Die Bilder sind entsprechend aufgebaut, beide zeigen den Lebensbaum in „Heiligenberg". In ihrem Mittelpunkt sind dargestellt: Tod – Wiedergeburt – und das neue Leben.

Der Gedanke des ersten Bildes ist nun weitergeführt.

Dort sind in den Armen Christi der Tod und der neu zu erschaffende Mensch geborgen. Hier in meinem letzten Bild tritt das „göttliche Kind" mir entgegen. Es wurde in meinem Haus,und das heißt ja, in mir geboren. Nun wirkt es so hilfreich wie bisher. Es führte mich aus meinen Zukunftsängsten ins Leben zurück. Es zeigte mir, dass das Ich integriert ist in ein Ganzes, das – bildlich gesprochen – Gott in Händen hält. Es kann seine Sorgen loslassen, geschehenlassen, was kommt, und einverstanden sein mit dem Sosein des Lebens. Bin ich am Ziel?

Einige Tage später fällt mir auf, dass auch der Tod in meinem letzten Bild vorhanden ist, nicht unmittelbar erschreckend wie in den früheren Darstellungen – als Skorpion, Drachen oder auch als Jaguar aus der Maya-Mythologie (vgl. Individuation I, S. 289/291) – sondern verborgen. Unbewusst malte ich den Rahmen um mein „Haus in Heiligenberg" mit dem selben leuchtenden Rot wie die mich bedrohenden Gestalten. Der rote Kreis umgibt das Ich in seinem Lebenszentrum, er schließt es ab und beendet es somit auch zeitlich. Er ist aber zugleich einbezogen in den ihn umfassenden Lebensbaum, der angesiedelt ist in einem leuchtenden, weiten Raum. So begrenzt der rote Kreis das Leben von mir und ist doch Teil eines größeren Ganzen. Tod und Leben sind eine Einheit, sie sind das Schöpfungsprinzip. Ich muss mich nicht abfinden, dass ich einmal sterben muss, ich kann mich einlassen auf das Sosein des Daseins, es bejahen im Vertrauen, dass auch für mich ein größeres Ganzes noch aussteht.

Die Chemotherapie blieb, wie das CT (vom 29.10.18) zeigte, ohne Erfolg. Die Metastasen wachsen ungehindert. Die Nebenwirkungen aber beeinträchtigten meine Befindlichkeit, vor allem nach der Therapie. Ich fühlte mich elend und erschöpft, wie es schon die Bilder vom August (S. 101 bis S. 105) zum Ausdruck brachten.

Da schenkte mir das Unbewusste drei Monate nach dem letzten noch einmal ein Bild, das sich im Laufe des Dezembers entwickelte. Ich nenne es nach dem hineingeschriebenen Zitat von Dietrich Bonhoeffer „Von guten Mächten wunderbar geborgen" (12/2018; Anm. 9). Erst allmählich merke ich, dass mein Bild die frühere Darstellung „Das Ich über dem Abgrund" (S. 101) weiterentwickelte und deren Aussage umkehrte (siehe S. 111).

Das Ich steht in der Mitte zwischen den archetypischen Gestalten, die es in seinen Lebenskrisen kennengelernt hat, zwischen der Großen Mutter, dem Göttlichen Kind und Christus.

Die Alte aus der Tiefe des hinter ihr sichtbaren Lebensbaumes hat das Ich von dort hinaus auf die Erdoberfläche begleitet und es nun in einer Atmosphäre von Wärme und Geborgenheit ins Leben hinein verabschiedet. (vgl. Kap. V. , S. 47-49).

Das Göttliche Kind kommt von der anderen Seite ihm entgegen und reicht ihm seine Hand, um es unbeschadet auf dem weiteren Lebensweg zu führen. Hinter ihm erscheint Christus, nur angedeutet vor einem roten Korallenbaum.

Alle Gestalten sind miteinander verbunden. Ihre Lebenskräfte fließen dem Ich zu, was das Zusammenspiel der ausgestreckten Arme und Hände zeigt: Das Ich löst sich aus dem Schutz der Großen Mutter, aber die Fingerspitzen der beiden berühren sich noch. Es wendet sich nach rechts ins Leben hinein, wo es nicht verlorengeht, denn das Göttliche Kind erfasst seine Hand, während es selber von der Christusgestalt geleitet wird. Von dem Kind fließen Frische und Vitalität zu der Frau hinüber. Das Kind aber empfängt die Stärke Christi: Vertrauen in die Gegenwart Gottes, in den Sinn des Lebens und des Todes.

Die Gewänder der Großen Mutter und Christi fließen in die Landschaft hinein, in der sich das Ich fortbewegt. Es hat nun einen festen Grund, auf dem es steht. Über ihm wölbt sich ein blauer Himmel, während die Zweige der beiden Lebensbäume es umhüllen. Die grünen Blätter und die rote Koralle verweisen auf Wachstum und Leben. Als Amulett schützt die rote Koralle vor allem Bösen.

Im Bild „Über dem Abgrund" (S. 101) führte der Weg des Ich auf schwankendem Seil über eine schwarze Tiefe. Dort sah es nur schwarze Felsen vor und hinter sich. Nun nehmen diese symbolisch Gestalt an: Es sind die Mächte, in denen sich das Selbst manifestiert. Sie haben das Ich in ihre Mitte genommen. Es ist nun unverkrampft und ohne Angst; aber unternehmungslustig sieht es auch nicht aus. Sein Aufbruch ist zögernd, vorsichtig. Doch hat es sich noch einmal auf den Weg gemacht. Seine Gedanken habe ich in den Himmel über die Szene geschrieben. Es ist ein etwas geändertes Zitat von Dietrich Bonhoeffer: „Von guten Mächten wunderbar geborgen, erwarte ich getrost, was kommen mag." So begleitet, kann es sich auf die noch verbleibende Zeit einlassen.

XI. Offenes Ende

Ende des Jahres 2016 verstarb mein ehemaliger Analytiker. Über der Todesanzeige las ich den Spruch:

Im Meer des Lebens,
Meer des Sterbens,
in beiden müde geworden,
sucht meine Seele den Berg,
an dem alle Flut verebbt. (Anm. 5)

Ich kann mich mit der Aussage dieses Textes identifizieren: Die Seele sucht den Ort in der Transzendenz, wo sie zur Ruhe kommen kann, ob er nun „Berg" oder „Gott" genannt wird. Für mich besteht dort die Hoffnung, die im "Ersten Brief des Johannes" im Kapitel 3,2 formuliert ist:

„Es ist noch nicht offenbar geworden, was wir sein werden." Erst in der jenseitigen Welt wird unser Leben seine Vollendung finden. Hier leben wir in vorläufigen und brüchigen Verhältnissen. Zwei Träume bringen diese Erwartung ins Bild:

Ich bin in einem Trödelladen und stöbere dort herum.
Ein alter Mann zeigt mir ein feines naturfarbenes Leinentuch mit weißer Seidenstickerei, sorgfältig gearbeitet, wie sie Klosterfrauen im Mittelalter anfertigten. Das Tuch in der Größe einer länglichen Tischdecke ist aber nicht fertig geworden. Etwa im letzten Viertel sind Nadel und Faden eingesteckt worden. Die Stickerin hat das Werk nicht vollendet. Der Entwurf war größer, als sie ihn in ihrer Lebenszeit verwirklichen konnte. (6/2015)

Und:

In meinem früheren Elektrogeschäft ist nun ein Bilderladen. Hier habe ich ein Gemälde von mir rahmen lassen. Es steht nun fertig gerahmt und verpackt dort und ich nehme es mit.

Ich will es in Mutters Wohnung unterstellen, die in der Nähe ist. Meine
Wohnung ist weiter entfernt. Der Wind zerrt an der lockeren Verpackung, die
das untere Viertel frei läßt. Ich betrachte den unteren Teil des Gemäldes; es
gefällt mir, es ist bunt, leuchtend und das Licht scheint hindurch.
Ich habe aber keinen Schlüssel zu Mutters Wohnung, sie ist zusammen mit
Lilo verreist. Den Ersatzschlüssel hat eine Nachbarin, eine stille, unauffällige
Frau. Sie trägt mein Bild in Mutters Räume, dabei singt sie vor sich hin.
Mich entzückt ihr Gesang, er ist verhalten, melodisch, rein und glockenhell.
(1/2016)

Das Seidentuch und das Gemälde versinnbildlichen wohl mein Leben. Sie
sind sorgfältig gearbeitet und gefallen mir. Aber beide Kunstwerke stehen
nicht vollständig zur Verfügung. Die Stickerei konnte in lebenslanger Tätigkeit
nicht ganz verwirklicht werden. Ihr fehlt die abschließende Fertigstellung. Das
Bild kann ich als Ganzes nicht anschauen. Der größte Teil bleibt verpackt. Es
wird in die Welt der Verstorbenen gestellt. Dort wird es einst enthüllt werden.
Zugang zu diesem Raum hat eine schlichte Frau; sie geht über die Schwelle
des Todes locker, heiter, ganz bei sich.

Diese Träume bestätigen die biblische Verheißung. Sie verweisen darauf,
dass das Ganzsein, Heilsein möglich ist, aber noch aussteht.

Einmal malte ich ein Bild, das mir vollkommen erschien. Es war das
Ergebnis einer längeren Bilderreihe, das sich aus der Darstellung vom
Dornbusch und der Weinpflanze entwickelte (siehe S. 15 und 18).

Ein Weinstock-Mandala entstand (10/2009, siehe nebenstehend): Acht
Weinstöcke stehen im Kreis um eine goldene Mitte. Ich hatte mich faszinieren
lassen von der Dekoration in der Kuppel des Gemaches der Sultan-Mutter im
Topkapi-Palast in Istanbul und entwarf nach dieser Anregung mein Bild von
der Fülle des Lebens. Später merkte ich aber: So vollständig, wie ich meinte,
war meine Malerei nicht. Die stilisierten Weinstöcke haben je sieben Äste,
zehn rot-grüne Blätter und sechs Traubenbündel. Eine Traube fehlt ihnen;
erst die Anzahl von sieben macht die Pflanze vollkommen. Eine Frage bleibt
offen: Was ist die letzte Frucht?

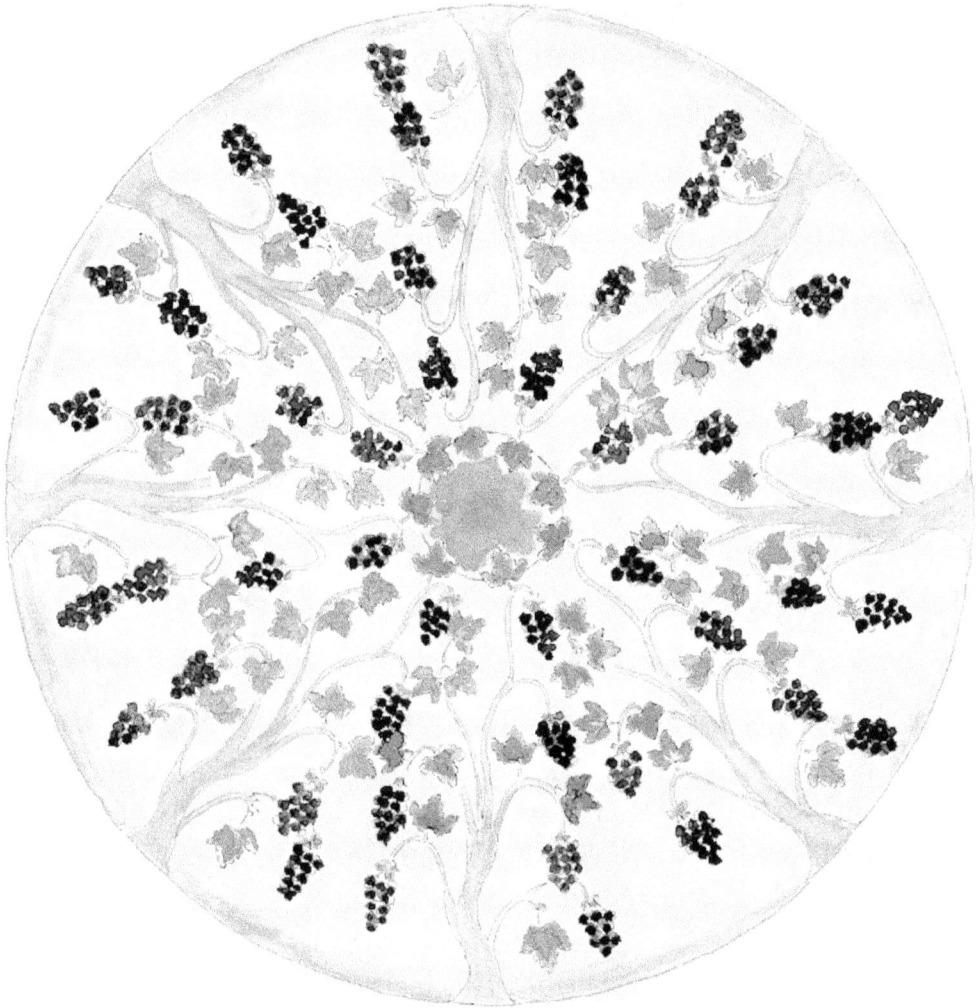

Ein letztes Bild möchte ich noch anfügen. Es entstand im Zusammenhang mit dem heiteren Gartenbild, das die Frau im grünen Kleid, mein Ich, im Glück zeigte (5/2010). Danach wollte ich noch einmal etwas besonders Schönes malen und stellte mir eine „Königin" in ihrem Garten vor, mitten zwischen Weinreben, unter blauem Sommerhimmel. So entstand „Hathor", die ägyptische Göttin, nach einer Vorlage (9/2010, siehe nebenstehend). Ihr rotes Gewand leuchtet und ich fügte noch den blau-grünen Kopfputz der Pharaonin hinzu, so wie sie einst für mich aus den Fluten des Nils auftauchte (vgl. Individuation I, S. 240-245).

Während ich den blauen Himmel malen wollte, verwandelte er sich: Sind es die Strahlen der Sonne oder die Flügel des Sonnengottes der alten Ägypter, die sich über sie und ihren Garten ausbreiteten? Ich war entzückt, was sich wie von selbst in die Szene einfügte.

Heute denke ich: Ich malte eine Vision. Das Ich bleibt nicht die junge Tänzerin, nachdem sie ihren lebenslangen Entwicklungsweg durchstand. Wurde hier aufgezeigt, wer ich einst – in einer transzendenten Existenz – sein könnte; welche Möglichkeiten für mich gedacht sind?

Die Vorstellung bestand in Ägypten, dass „nach dem Tode ... alle Frauen zu Hathor" werden (Anm. 6), zur „Himmelsgöttin", die das Sinnbild der Liebe und Mütterlichkeit war, ja, die auch den Tanz und die Freude repräsentierte.

Dieser Ausblick nähert sich dem biblischen Traum, den ich hier noch einmal anfüge: „Es ist noch nicht offenbar geworden, was wir sein werden. " (1. Joh. 3,2) Meinen Gedankengang über das Ende des Lebens möchte ich mit einem Paulus-Zitat abschließen:

Wir sehen jetzt nur undeutlich wie in einem trüben Spiegel;
dann aber von Angesicht zu Angesicht.
Jetzt erkenne ich stückweise;
dann aber werde ich erkennen, wie ich erkannt bin. (1. Kor. 13,12)

Anmerkungen

1. Lurker, Manfred: Wörterbuch der Symbolik, Stuttgart 1991
   S. 489 und 566
2. Drewermann, Eugen: Tiefenpsychologie und Exegese, II,
   Olten und Freiburg i. Br. 1987, S. 379-392
3. vgl. Rossiter, Evelyn: Die Ägyptischen Totenbücher,
   Liber SA, Fribourg-Geneve, 1979/1984, 120 S.
   und: Ions, Veronica: Ägyptische Mythologie, Wiesbaden1968, 141 S.
4. „Popol Vuh" – Das Buch des Rates, Mythos und Geschichte der Maya, aus
   dem Quiché übertragen und erläutert von Wolfgang Cordan,
   Eugen Diederichs Verlag 1973, S. 180-189
   „Die neun Herren der Nacht" regierten je über 40 Tage, also 360 Tage des
   Sonnenjahres. Die 5 überschüssigen Tage waren ohne ihren Schutz. Dann
   „ruhte" das Jahr. Das Kalenderrad wurde in dauernden Umdrehungen
   aufgefasst.
5. Wilhelm H. Droste (1931-2016).
6. H. Strelocke: Ägypten – Geschichte, Kunst und Kultur im Niltal, Köln 1976,
   S. 105
7. „Todesfuge" aus: Paul Celan „Mohn und Gedächtnis", 1952
8. Seifert, Th. u. A. L.: Zum Kind reifen –Inneres und Göttliches Kind in der
   Analytischen Psychologie, in: Mythos Kind, Jung Journal, Heft 21. Jg
   12, 2/2009, S. 5
9. Bonhoeffer, Dietrich: Widerstand und Ergebung, GTB, 10. Auflg.
   1978, S. 204

Verzeichnis der Abbildungen

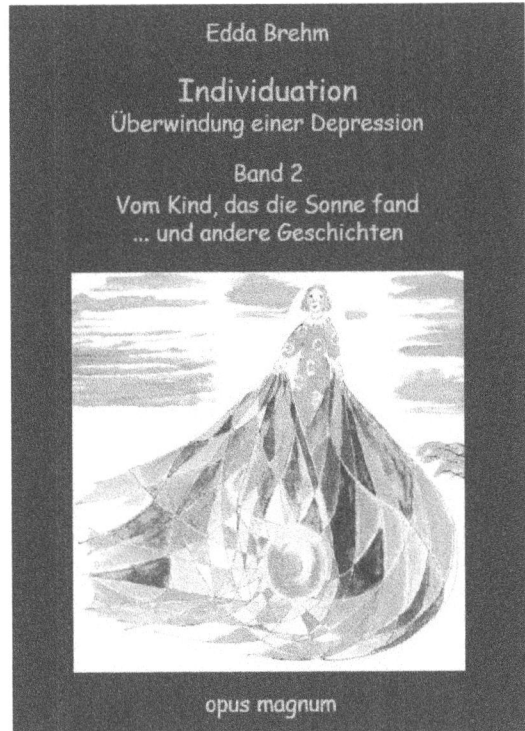

Edda Brehm

Individuation
Überwindung einer Depression

Band 1
Der Clown
Bilder aus dem Unbewussten

opus magnum

Edda Brehm

Individuation
Überwindung einer Depression

Band 2
Vom Kind, das die Sonne fand
... und andere Geschichten

opus magnum

Individuation
Überwindung einer Depression
Band 1: Der Clown, 86 Abb.
Bilder aus dem Unbewussten.
Preis: EUR 24,90, 300 Seiten
ISBN-13: 978-3939322054

Individuation
Überwindung einer Depression
Band 2: Vom Kind, das die Sonne fand ...
und andere Geschichten
Preis: EUR 24,90, 356 Seiten, ohne Abb.
ISBN-13: 978-3939322061

Im Mittelpunkt des vorliegenden wie der zwei
anderen Bände steht das Abenteuer der
Selbstfindung. Die Autorin schildert ihren Aufbruch und
den Weg in das Unbewusste bis zum Ankommen bei sich
selbst. Sie vermittelt ihr Staunen über die Erfahrungen auf
dieser jahrzehntelangen Reise durch ihre innere Welt.
Sie lässt sich von den Bildern leiten, die ihr das Unbewusste
durch Imagination schenkt und die sie malt (Band 01) oder
aus denen sie Märchen (Band 02) entwickelt.

www.ingramcontent.com/pod-product-compliance
Lightning Source LLC
Chambersburg PA
CBHW081418270326
41931CB00015B/3319